Harald und Bodo

gehen auf die Love Parade

Die Tollen Schmökerbücher

Band 1

Impressum:

Text, Idee, Konzeption: Peter Lau

Design und Layout: Simon Sharville

Coverzeichnung: Tim Sharville

Alle Rechte beim Autor.

Herstellung: Libri Books On Demand

ISBN 3-89811-169-5

EINS

DER NACHBAR MUSS MAL DUSCHEN

Es war einmal ein Fernseher, der war eines Tages einfach verschwunden. Nichts war da mehr als ein leerer Platz auf dem Schrank, ein wenig Staub und ein Loch in der Luft, das sich langsam wieder schloss. Und natürlich der überraschte Besitzer: Benjamin von Blass. Benjamin hieß eigentlich ganz anders, doch alle im Haus nannten ihn so, denn alles an ihm war blass: die Arme, die Beine, der Bauch und auch das, wo man eigentlich nicht hinguckt. Nur der Kopf war heute ungewöhnlich rot, denn Benjamin war echt sauer. Er sah aus wie ein kalorienarmes Stück Schmelzkäse, auf das jemand eine Christbaumkugel gepappt hatte, als er die große Eichentreppe in den ersten Stock hinaufstampfte und die Tür zum Salon aufriss.

Im dem hingestreckten, mobiliarfreien Raum übte gerade ein enorm prominenter Eiskunstläufer glitschen, nebenbei leerte er eine Tüte Salinos. Das Eckchen Schmelzkäse hätte gut zugucken und ab und zu klatschen können, doch dafür war es viel zu aufgeregt. Energisch marschierte Benjamin ins Zimmer und baute sich vor dem enorm prominenten Eiskunstläufer auf. Der war ungefähr doppelt so groß wie er selber und sah auf ihn herab wie ein Haus auf sein Stück Rasen. „Ja?", fragte er harmlos.

„Bodo!", brüllte Benjamin, „wo ist mein Fernseher?"

Der Eiskunstläufer packte seine Kufen ein und ging schweigend in sein Haus, das Haus klappte die Fensterläden zu, um ein Nickerchen zu halten und Bodo, plötzlich ganz allein mit einem wütenden Stück roten Rasens, schaute betreten zu Boden.

„Verliehen", murmelte er schließlich.

Benjamin fixierte ihn, als wäre er ein Weihnachtsbaumverkäufer im Juli. „Verliehen? An wen?"

Bodo malte mit der Fußspitze eine Madonna auf's Parkett, aber das half ihm auch nicht. Er seufzte. „Weiß nix. Ein Fremder. Oder ein Bär. Obwohl. Ein Bär war es wohl nicht. Bären sind langsam. Die gehen nicht so schnell weg. Die liegen vorm Kamin und trinken Whisky. Und rauchen Zigarren. Und brummen. Bis ganz spät. Nee", Bodo seufzte noch einmal, „ein Bär wär' jetzt noch hier."

Benjamin starrte Bodo entgeistert an. „Du hast den Fernseher verliehen? Meinen Fernseher, den ich extra mitgebracht habe, damit ich auch mal was sehen kann, was mich interessiert? An irgendwen?"

Bodo schüttelte seinen großen Kopf. „Der hat geklingelt. Der kannte das."

„Was kannte der?"

„Weiß nicht. Fernsehen." Bodo schaute hinüber zur großen Fensterfront. Draußen schien eine ganz helle Sonne über einem ganz grünen Garten. Er lächelte. „Ich geh jetzt weg, tschüß."

Mit eingezogenem Bauch und angehaltenem Atem versuchte er, sich an Benjamin vorbei zu drücken. Doch der hielt ihn fest.

„Wo ist der Fernseher?", knurrte Benjamin von Blass böse.

Bodo schaute zum Fenster. „Da!" Er zeigte auf die gelbe Villa nebenan.

„Da drüben?", fragte Benjamin.

„Vielleicht."

„Haben wir einen neuen Nachbarn?"

„Vielleicht."

„Und der hat sich meinen Fernseher geliehen?"

„Vielleicht."

„Und warum hast du ihm nicht deinen gegeben?"

„Weil ich den noch brauche." Bodo nickte kräftig mit dem Kopf. Dann drehte er sich um und verschwand summend in Richtung Garten.

Bodo hat einen runden, kahlen Kopf, Patschehändchen, Schlitzaugen und ist blöd. Früher hätte man gesagt: mongoloid, aber irgendwann galt das nicht mehr als korrekt, vielleicht, weil auch Blöde ein Anrecht auf einen seriösen Namen haben, und so besann man sich auf Trisomie 21, die korrekte, wissenschlaffliche Bezeichnung. Leider konnte sich Trisomie 21 keiner merken, weshalb zuerst der Name und schließlich auch die Krankheit verschwand, denn ohne Namen kein Ding, das wißt ihr sicherlich auch, Kinder. Heute sind Leute mit runden Köpfen und Schlitzaugen einfach blöd und niemand stört sich dran, denn das gab es schon immer, und außerdem ist jeder irgendwann mal blöd, in der einen oder anderen Situation, also was solls. Bodo ist es eben häufiger.

Der Nachbar kam dann andauernd. Er lieh sich die eine Heckenschere, das Sofa, den Beistelltisch, die andere Heckenschere (für meinen Freund, wie er sagte), die Garderobe, drei Kochtöpfe, eine Pfanne, einen Spaten, das Geschirrspülmittel, den Teppich aus der

Eingangshalle, den Mixer, die Hacke, die Möbelpolitur, Besen, Schrubber, Lappen und Wischmittel, die Schubkarre, zwei Sessel, die Gardine aus dem Wohnzimmer, den kleinen Kühlschrank für Getränke, Teller und Besteck, eine Stehlampe, eine Taschenlampe, eine Petroleumlampe, und dann auch noch ein Bild aus dem Flur, das ihm besonders gut gefiel. Das dauerte etwa zwei Stunden, in denen Benjamin fassungslos beobachtete, wie der Mann von nebenan im 30-Sekunden-Rhythmus klingelte, Bodo öffnete, und die beiden wie verabredet denselben Dialog sprachen.

Nachbar: „Guten Tag, ich bin der neue Nachbar. Ich wohne da drüben in der gelben Villa."

Bodo: „Guten Tag, ich bin Bodo. Ich wohne hier."

Nachbar: „Ich hätte eine Frage, könnten Sie mir wohl (hier folgte der gewünschte Gegenstand) leihen. Ich wäre ihnen sehr dankbar."

Bodo: „Aber gerne, kein Problem. Kommen Sie doch rein"

Der Nachbar schickte dann einen seiner Umzugshelfer ins Haus, die alle ganz jung waren, schwarze Radlerhosen und bunte kurze T-Shirts trugen, schnittige Kurzhaarfrisuren und Bauchnabelpiercing hatten, und überhaupt aussahen, als wären sie die letzten zehn Kandidaten für den Bravo-Girl/Boy-Wettbewerb. Benjamin saß auf der Fensterbank und beobachtete das Geschehen zugleich fasziniert und mit steigender Wut, doch die coolen Kids störte das nicht: Sie ignorierten ihn völlig, während sie lautlos das Mobiliar rausschleppten. Waren seine Helfer mit der Beute verschwunden, verabschiedete sich auch der Nachbar und ging, nur um dreißig Sekunden später erneut zu klingeln. Dann wiederholte sich die Szene.

Schließlich wurde es Benjamin zuviel. Als es das nächste mal an der Tür schellte, rollte er sich von seinem Aussichtsplatz, schob Bodo beiseite und brummte wütend: „Ich mach' schon auf!"

Vor der Tür stand ein unwahrscheinlich häßlicher, fetter Mitvierziger in einem kanariengelben Sakko, der ihn einen Moment irritiert anstarrte, sich aber schließlich zusammenschiss und in den bekannten Singsang verfiel.

Nachbar: „Guten Tag, ich bin der neue Nachbar. Ich wohne da drüben in der gelben Villa."

Benjamin schüttelte verärgert den Kopf: „Wer sind Sie eigentlich?"

Der Nachbar blickte ihn irritiert an, dann setzte er erneut an. „Guten Tag, ich bin der neue Nachbar. Ich wohne da drüben in..."

Benjamin unterbrach ihn. „Wollen Sie mich veralbern? Wer sind Sie?

Wie heißen Sie? Was wollen Sie hier?"

Der Nachbar schwieg einen Moment. Dann murmelte er: „Wo ist denn Bodo?" Benjamin starrte Löcher in die Luft, der Nachbar räusperte sich, im Garten seufzte die Hecke. „Naja, ich bin der neue Nachbar. Ich heiße Mathias &%$§." Es klang, als hätte er sich verschluckt, Benjamin hatte nichts verstanden. Er sah ihn abwartend an, der Nachbar starrte ebenso erwartungsvoll zurück. „Sie müßen doch von mir gehört haben", erklärte er schließlich beleidigt. „Ich bin Trendforscher. Sehr wichtig. Ein echter Wissenschaftler. Die Zukunft würde ohne mich überhaupt nicht stattfinden. Ich..." Er brach ab, anscheinend besann er sich auf sein Vorhaben. „Jedenfalls wollte ich mir hier etwas leihen. Wissen Sie, ich bin gerade eingezogen, da drüben, in die gelbe Villa, und da fehlt natürlich noch so manches. Also könnten Sie mir wohl ihren Kühlschrank leihen? Macht nichts, wenn er voll ist. Sie können ruhig alles drinlassen."

Benjamin guckte den dicken, häßlichen Kerl einige Sekunden sprachlos an. „Sagen Sie, finden Sie das normal, sich alles zu leihen?"

Mathias nickte heftig. „Unbedingt. Das ist ein Future-Trend, das ist groß im Kommen. Leaning. Äh, Loaning. Nein, Lending. Jawoll, Lending, und zwar Cross-Lending, also global. Wir werden eine Gesellschaft haben, in der nicht allen alles gehört, aber fast allen fast alles irgendwann mal gehört hat. Das ist groß im Kommen. Sie sind sozusagen die Avantgarde, ein szenerelevanter Course-Pusher."

„Ein was? Ach, vergessen Sie's. Hier wird nichts mehr geliehen. Und die Sachen, die sie mitgenommen haben, bringen sie gefälligst zurück. Vor allem den Fernseher. Heute noch. Haben Sie mich verstanden?"

Mathias sah Benjamin mitleidig an. „Ist Ihnen klar, daß sie ihre Chance verspielen, zur globalen Elite zu gehören? In ein paar Minuten, äh Monaten, wenn überall vom Cross-Lending gesprochen wird, werden Sie nicht mitreden können, weil sie heute den Anschluß an die Zukunft verpasst haben."

„Dafür habe ich dann aber noch einen Kühlschrank."

„Das stimmt", schaltete sich Bodo ein, der die beiden bisher schweigend beobachtet hatte. „Den Kühlschrank brauchen wir nämlich noch. Da sind die Gummis drin. Weingummis für mich, Fickgummis für Helmut."

„Ich heiße nicht Helmut", unterbrach ihn Benjamin. „Und das mit den Gummis ist natürlich Quatsch." Er grinste Mathias verlegen an.

Der Nachbar lächelte verständnisvoll. „Klar, Gummis liegen überhaupt nicht im Trend." Er atmete tief durch. „Na gut, ich will dann nicht weiter stören. Schade, daß sie ihr Schicksal, also mich, so einfach von sich weisen. Aber falls Sie es sich doch noch überlegen, können Sie gerne bei mir reinschauen. Sie sind doch in einem Alter, wo die Zukunft noch nicht vorbei ist. 'Future Is Super', wie ich immer sage."

Benjamin schwieg, er war wieder der harte Verhandlungspartner.

„Äh, und die Sachen bringe ich natürlich zurück. Sobald ich sie nicht mehr brauche. Also schönen Tag noch. Auf Wiedersehen."

Benjamin schloß wortlos die Tür. Er drehte sich zu Bodo um und starrte ihn streng an. „Du kannst doch nicht einfach deine Sachen weggeben. Was hast du dir denn dabei gedacht?"

Bodo sah ihn einen Moment schmollend an, dann erklärte er aufmüpfig. „Du mußt aufpassen auf mich, das weiß ich genau." Er überlegte einen Moment, schließlich lachte er laut. „Fjutscher ist gut. Ich glaube, wir haben noch ein paar Fjutscher. Ich guck gleich mal im Tiefkühlschrank. Willst du auch einen, Torsten? Himbeer, lecker." Er drehte sich um und wackelte in die Küche. Benjamin sah ihm hinterher. „Ich heiße nicht Torsten", murmelte er erschöpft.

Benjamin ist Bodos Zivildienstleistender. Niemand weiß, warum Bodo in einer Villa wohnt und immer wieder neue Zivildienstleistende bekommt. Manche vermuten, Bodo sei steinreich, andere sagen, er habe einflußreiche Verwandte mit gutem Kontakt zu den Behörden. Es gibt Leute, die glauben sogar, Bodo könne gut alleine leben, täte es aber nicht, weil er zu faul ist. Wie auch immer: Benjamin ist Bodos aktueller Zivi. Er bleibt von Montag bis Freitag tagsüber bei ihm, kauft ein, putzt und geht mit ihm spazieren. Am Wochenende kommt niemand, aber das scheint Bodo nicht zu stören.

Nachdem Benjamin Feierabend gemacht hatte und gegangen war, kam Harald aus dem Keller, denn es war Zeit für die Patrouille. Bodo hatte sich im Schrank versteckt, so daß der schmale, langhaarige Mitdreißiger mit dem verbaselten Jeanshemd und der schmatten Cordhose einige Zeit alleine durchs Haus streifte. Er wunderte sich, daß so viel verschwunden war, sogar das Gemälde aus dem Flur, das Bodo von einem Versandhaus als Treueprämie bekommen hatte. Endlich landete er im Wohnzimmer, wo von der alten Einrichtung nur noch der

Fernseher und der Couchtisch den großen, hell parkettierten Raum füllten. Er wartete dort etwas und sang schließlich leise „La Paloma", was für Bodo das Zeichen war, aus dem Versteck zu kommen. Fröhlich wackelte der große Kerl herein, grinste Harald an, breitete die Arme aus und rief: „Viel Platz."

Harald nickte. „Hat jemand eingebrochen, was?"

Bodo schüttelte den Kopf. „Nein, alles verliehen." Er erzählte Harald von dem neuen Nachbarn, von der Verleihaktion und davon, wie Benjamin schließlich eingeschritten war. Harald drehte sich derweil seinen ersten Joint. Als Bodo fertig war, lächelte Harald: „Und die Waschmaschine?"

Bodo zuckte mit den Schultern. „Wollte er nicht. Nur den Kühlschrank."

„Aber der Kühlschrank ist doch gut."

„Und voll. Den brauche ich noch."

Harald zeigte an die Decke, wo eine alte, staubige Lampe aus Plasteholz hing. „Den Kronleuchter hätte er noch mitnehmen können."

Bodo folgte seinem Blick. „Pah, den reiß ich runter." Er sprang hoch und hing sich an das morsche 70er-Jahre-Licht, das eine Sekunde später auf den Boden polterte. Auf dem Teppich lag nun der Schamott, und die beiden betrachteten ihn einige Zeit ausführlich, als wäre es ein Tier, von dem noch einiges zu erwarten war.

Schließlich brach Bodo in ein ungestümes Lachen aus. „Benjamin wird ganz schön sauer sein."

Harald schüttelte den Kopf. „Nee, komm, das machen wir weg. Das ist nicht okay."

Bodo seufzte, half aber schließlich Harald beim Aufräumen. Als sie fertig waren, suchten sie aus einem Katalog neue Sachen aus: Möbel, Geschirr, Gartengeräte und so weiter. Als auch das erledigt war, hatten beide gute Laune. Harald rauchte seinen dritten Joint, dann schlüpften sie in ihre Kostüme. Die Patrouille machte sich auf den Weg.

Harald lebt im Keller der Villa. Er war früher auch mal Zivi bei Bodo, ist aber nie entlassen worden. Seine Nachfolger kamen, einer nach dem anderen, doch Harald erhält weiterhin jeden Monat einen Scheck mit seinem Zivigehalt, den er regelmäßig in der Bank einlöst. Weil er nichts weiter zu tun hat, keine Pläne für die Zukunft und keinen Ehrgeiz, hat sich Harald den Keller ausgebaut und wohnt nun schon seit fünfzehn

Jahren im Haus des Blöden. Im hinteren Teil des Gartens pflegt der vergessene Zivi ein kleines Marihuanafeld, Samstag und Sonntag kocht er, und ab und zu geht er Einkaufen, wenn der aktuelle Zivis krank ist. Ansonsten kümmert sich Harald nicht um die Aussenwelt, und damit die ihrerseits nicht auf die Idee kommt, sich um ihn zu kümmern, verläßt er sein Zimmer fast nur abends oder am Wochenende, so daß ihn die Zivis, wenn sie ihn mal sehen, für einen Gast halten. Das ruhige Leben wurde den Beiden vor ein paar Jahren allerdings etwas zu langweilig. Deshalb beschlossen sie eines Tages, Superhelden zu werden. Das brachte ihnen auf Anhieb viel Spaß, und so machen sie immer noch jeden Abend eine Runde als maskierte Übermenschen.

Der Garten wälzte sich genüßlich unter einer dicken Decke aus Insekten, Sommerluft, Blätterwind und mildem Wahnsinn, als sich Comandante Zero und Flup alias Harald und Bodo aufmachten, das Recht zu wahren, die Schwachen zu schützen und vielleicht auch gleich das Marihuana zu wässern. Harald trug seine olivgrüne Armeeuniform, den falschen Fidel-Castro-Bart und die flache Kommandantenmütze, auf der eine schmucke Null aus aufgeklebtem Goldlametta glänzte. Flup hatte einen gelben Stretchanzug, auf dem neongrün ein eingekreistes F prangte, und über dem Kopf eine rote Strumpfhose. Er sah aus wie ein Bananeneis, auf dem eine Himbeere hockte. So leise es ging, stapften die beiden durch den verwilderten Garten, um den sich die anderen Zivis weder kümmern wollten noch sollten. Unter den Arm hatte Bodo eine orangene Tröte geklemmt, mit der er Lärm machen konnte, wenn gerade nichts anderes zur Hand war. Doch hier im Garten brauchte er sie nicht. Alle paar Meter gab es einige morsche Äste, die unter ihren Füßen krachten, alte Blumentöpfe, die knirschend davonrollten, oder ein paar leere Dosen, die von den beiden allein ausgelegt worden waren, damit sie beiseite scheppern konnten und so jeder wußte, daß sich hier zwei gefährliche Superhelden fast lautlos durch den Garten schlichen.

Das Marihuana schwong so friedlich im Abendwind, daß Harald beinahe weinen mußte, doch dafür war heute keine Zeit, denn Bodo wollte bald den Nachbarn sehen. Also schütteten sie nur ein paar Liter Wasser auf das staubige Psychoaktiv-Gemüse und schlichen dann scheppernd, klirrend und krachend zum Ende des Grundstück. Am Zaun drehte sich Commandante Zero um. Er legte einen Finger auf den Mund: „Pst!"

Flup nickte und riss, um zu zeigen, daß er verstanden hatte, seine Tröte hoch. Commandante Zero hielt ihn fest: „Nein, ganz pst. Der Mann soll uns nicht hören, verstehst du?"

Flup sah ihn ratlos, seine wulstigen Augen quollen aus den schmalen Sehschlitzen der Nylonstrumpfhose. Der Commandante überlegte. Dann sagte er: „Der Nachbar ist kein Nachbar, der Nachbar muß mal duschen."

Flup lächelte, jetzt hatte er begriffen: Der Nachbar war nicht, was er vorgab, er war nicht ganz sauber. Leise legte er die Tröte auf einen Stein und schwang sich lautlos über die teckelhohe Absperrung. Der Commandante folgte ebenso leise. Still eilten die Beiden durch die meterdicken Schatten der Bäume, bis sie fast am Haus waren. Überall war es dunkel, nur hinter der großen Fensterfront zur Terrasse brannte noch Licht. Das Duo versteckte sich in einem Busch, um in Ruhe die Lage zu peilen, als plötzlich Schritte ertönten. Ein Bravo-Girl mit einem knallengem, viel zu kurzem T-Shirt, knappem Rock und Plateauschuhen stand hinter ihnen. Sie hatte eine MG, die aussah, als sei sie aus Plastik, und stierte aus halboffenen Augen: „Was tragt ihr denn da?", fragte sie mit matter Stimme.

Commandante Zero betrachtete das Girlie, das ihm auffordernd ihren großen Busen entgegenreckte. In ihm keimten Gefühle. „Äääh", antwortete er souverän, und als das nicht half, fügte er hinzu: „Eine alte Uniform. Naja, nä, ist gut, oder?"

Das Mädchen nickte. „Du bist ein Retro, was. Naja, ich weiß nicht. Hast du auch 'ne Cordhose."

Der Commandante nickte. „Klar. Und ein Jeanshemd." Er knöpfte seine Uniform etwas auf. „Gleich hier drunter."

Das Mädchen nickte anerkennend. „Sieht echt aus. Secondhand, nä? Cool! Und du?" Sie wandte sich Flup zu. „Du siehst aus wie'n Bananeneis mit 'ner Himbeere drauf. Ist das noch Techno?"

Flup versetzte dem Mädchen einen mächtigen Kinnhaken und ohne einen Ton kippte die Kleine nach hinten. Commandante Zero beugte sich zu ihr herab, um ihren weichen, jungfräulichen, leichtbekleideten Körper nach Waffen abzutasten oder so. Er macht das derartig sorgfältig, daß sich Flup lieber umdrehte und das Haus beobachtete. Sie standen direkt vor dem großen Fenster des Wohnzimmers, und so konnte er alles genau sehen, das ganze verliehene Mobiliar: die fast geborstenen Sessel, das durchgesessene senffarbene Sofa, die matte Leselampe aus Messing, und auch der kleine Kühlschrank, der irre viel Strom schluckte, um in seinem Inneren die Zimmertemperatur zu halten. An der Wand hing sogar das Bild von dem Mädchen mit der Rose, von dem Bodo immer Kopfschmerzen bekommen hatte.

Auf, neben und zwischen dem Sperrmüll saßen, standen und lagen die Bravo-Girls und -Boys, die sich schminkten, in Illustrierten blätterten oder auf Benjamins Fernseher MTV guckten. Im Hintergrund dröhnte ohrenbetäubend laut „Kuschelrock Goes Techno": Heather Nova sang „Love Is In The Air" zu einem Groove von Peter Gabriel und einem Gitarrensolo von Bryan Adams, remixed von Armand van Helden. Flup konnte gerade noch die Strumpfhose hochziehen, bevor er kotzen mußte. Commandante Zero, der gerade seine Hose aufknöpfte, drehte sich um.

Flup rang nach Atem, während er mit der einen Hand zum Haus zeigte und sich mit der anderen Hand den Mund abwischte. „Geheimwaffen", rief er aufgeregt. „Die haben ganz bestimmt auch 'Celine Dion singt Elton Johns Aida'."

Commandante Zero überlegte einen Moment. „Wen?", fragte er endlich.

Flup wedelte aufgeregt mit den Armen. „In MTV. Alles voll. Geht alles in den Kopf, geht nie wieder raus. Wie Flecken. Rote Beete. Alles versaut. Das schöne Hochzeitskleid. Und überall Blut. Die wollen uns ficken."

Commandante Zero strich Flup beruhigend über den Kopf, dann nahm er ihn in den Arm. Er kannte diese Art von Anfälle schon. „Reg dich nicht auf", murmelte er beruhigend, während Flup in seinen Armen zitterte. Über die Schulter seines dicken Kumpans betrachtete er die Szene in dem großen Raum. Irgendetwas stimmte da nicht: Die Kids waren jung, frei und gut versorgt - aber keines sah aus, als hätte es Spaß.

ZWEI GEWINNE FÜR UNSER LAND

Dies ist erst das zweite Kapitel, aber trotzdem müßen wir uns hier bereits von einer unserer Figuren verabschieden. So schnell geht das manchmal. Noch können wir Benjamin von Blass dabei zusehen, wie er morgens, kurz vor neun, zur Arbeit geht, aber gleich ist Schluß. Vielleicht hätte er besser aufpassen sollen. Zum Beispiel auf die Straße, die zu Bodos Haus führt. Denn die ist nett, freundlich und bescheiden, ein Vorbild für uns alle. Von den großen, lauten Angeberstraßen hält sich diese ruhige Allee fern, doch dabei ist sie kein Kind von Traurigkeit. An sonnigen Tagen wie diesem gönnt sie sich unter zwei prächtig in der Sonne leuchtenden Baumreihen einen lustigen Schattentanz, im Herbst läßt sie das Laub in aufgeregten Sturzbächen am Bordstein hinabstürzen, und bei Frost rodelt sie immer noch spiegelglatt in Richtung Stadtmitte, wenn den dicken Draufgängertrassen bereits ihre Wildheit versalzen wurde. Ein anständiges Leben, vielleicht etwas tantchenhaft, naja - doch jede, wie sie mag, oder?

Benjamin jedenfalls geht diese Straße seit ein paar Monaten Tag für Tag hinauf, hat aber trotzdem keine Ahnung, wie es ihr geht oder was sie denkt. Auch jetzt, weniger als fünfzig Meter vor seinem Ziel, hat er wieder nur irgendwelche Flausen im Kopf. Doch dann fällt sein Blick auf die gelbe Villa, wo der neue Nachbar wohnt, und Dampf umwölkt seine Stirn, Rauch seine Sinne, Dumpf sein Denken. Der Fernseher! Ärger Ärger Ärger! So murmelt, dumpft und dampft er, als sich plötzlich, gerade, als er an dem Haus vorbeigehen will, die Tür öffnet und ein Girl herauskommt. Sie ist süß! Sie hat einen kirschroten Schmoll, lange, schwarze Wimpern über hellblauen Teichen und eine freche, hellgrüne Kurzhaarfrisur, die in der Sonne leuchtet. Unter ihrem ganz dünnen T-Shirt wölben sich zwei klitzekleine Brüstchen wie Mandarinenhälften, ihre Beine sind zart wie Sparghetti, und als sie den Mund öffnet, um dem kleinen Zivi zuzulächeln, blitzt eine Zahnspange in der Sonne.

Schon ist Benjamin ihr verfallen, sie ist höchstens vierzehn, ihm wird ganz weich in den Knien. Die Spange blinkt, unter seinem Blick spitzen sich ihre Brüstchen zu Johannisbeerhügeln, an den Beinchen ein Flaum, der himmelblaue Blick kesselt ihn ein, die kirschroten Lippen, die Sonne, ein Wind, dann hebt sie ihr Fingerchen, sie zieht ihn mit einem winzigen Wink hinein, doch Benjamin stutzt, die Spitze des Fingers ist rot, aber sie sieht den Blick, hört die unausgesprochene Frage, lächelt und schmilzt zu einer unschuldigen Erklärung: „Ach, weißt du", sagte Rotkäppchen zum zitternden Wolf, „ich habe meine Tage, und wie dumm, aber ich habe heute morgen wohl vergessen, mir hinterher die Hände zu waschen. Willst du auch einen roten Finger?"

Tschüß Benjamin! Nur die kleine Straße sieht zu, wie sich die große Tür der Villa hinter den Beiden schließt. Und ihr ist es egal. Sie wird jetzt ein wenig Fahrrad fahren. Dahinten kommt schon ein kleiner Junge in einem gestreiften Hemd, er lacht, die Bäume verbeugen sich vor ihm, die sanfte Allee freut sich, kräftig tritt der fröhliche Spatz in die Pedale, bald kommen seine Freunde. Ferienzeit. Heute wird wieder ein schöner Tag.

Bodo träumte. Er träumte das, was er immer träumte. Bodo flog über das Land. Er hatte seine Arme ausgebreitet, unter ihm zogen Felder, Straßen, Wälder und kleine Orte vorbei, er folgte einem Weg, den er kannte, da winkte er einem Bauern zu, an dem er jede Nacht vorbeikam, und der Kerl lachte und winkte zurück. Lange ging das so. Bodo summte ein Lied, er war guter Dinge, das Wetter war auch prima. Dann kam der Berg. Bodo schaute sich um, und tatsächlich, dahinten sah er die Höhle, die er erst vor einigen Wochen entdeckt hatte, und von der er wußte, daß in ihr ein geheimnisvoller Schatz verborgen war. Er flog einen Bogen, ging etwas runter, noch niedriger, zielte genau auf die dunkle Öffnung zwischen den Steinmassen, noch wenige Meter, und jetzt...

Nanu? Wieso weckte ihn keiner? So, wie jeden Morgen, wenn er gerade die Höhle mit dem Schatz erkunden wollte? Überrascht schlug Bodo die Augen auf. Er sah sich in seinem Schlafzimmer um: Der Raum war leer, die Wände pulsierten in einem weißblauen Rhythmus, auf dem kleinen silbernen Metalltisch, dem einzigen Einrichtungsgegenstand im Raum, lag ein umgekippter Pinguin neben einem Häufchen Salz, das aussah wie ein zerschepperter Eisberg. Bodo rieb sich den dicken Bauch, den dicken Kopf, brummte leise und fragte schließlich vorsichtig: „Benjamin?"

Keine Antwort. Bodo wuchtete sich von der Matratze und tappste in seinen roten Schlaffshorts und einem weissen T-Shirt mit frühen, unsicheren Schritten über den bodenseeblauen Teppich. Er öffnete die Tür und sah den Flur hinunter. Er tappste an den anderen Zimmern vorbei, öffnete jede Tür, guckte, ging zur Treppe. Dann unten genauso.

Nix. Bodo kratzte sich wieder am Kopf. In der Halle am Eingang stand die Zeit. Große Uhr, späte Stunde, er konnte das sehen, die Zeiger waren alle schon oben auf dem Berg, sogar der kleine. „Hmm", brummte er nachdenklich.

Bodo öffnete die Kellertür, die schmale Stiege hinab, trappte zur Tür, auf der „Vorsicht Lebensgefahr" stand und „Hochspannung" und „Für Unbefugte Betreten verboten" und „Heute geschlossen", öffnete sie. Harald lag auf dem Hochbett und schnarchte. Bodo sah sich um, der Raum sah aus wie immer, als wäre er vor kurzem explodiert, ganz schön, ganz friedlich, die bunten Poster, die Schallplatten, der unzählige Schedder, den sein Freund von seinen monatlichen Ausflügen zur Bank aus der Stadt mitbrachte. Bodo freute sich fast immer über die bunte Wucht. Heute aber nicht.

„Harald" murmelte Bodo leise. Und dann noch mal lauter: „Harald!" Aus dem Hochbett ertönte ein Grunzen, es rutschte und raschelte, bis endlich ein ganz zusammengefaltetes Gesicht über dem Rand der katarakten Konstruktion erschien. „Grimmberlkliste", sagte Harald.

Bodo ignorierte es. „Benjamin ist nicht da", erklärte er besorgt.

Harald zwinkerte ihn an. „Gut oder schlecht", presste er hervor.

Bodo schüttelte den Kopf. „Schlecht."

Harald überlegte einen Moment, dann rappelte er sich auf und sprang auf den Fußboden. „Komm, wir frühstücken", erklärte er seufzend.

Bodo irrt sich selten. Wenn er sagt, etwas ist gut, kann man es essen, damit spielen oder darüber lachen. Probleme wird man damit aber keine haben. Wenn er dagegen sagt, etwas ist schlecht, sollte man auf der Hut sein. Wenn ein Tag so beginnt, besteht die Gefahr, daß er auch so endet.

Etwas später hatte sich eine große Schale Haferflocken-Bananen-Brei zwischen dem bösem Erwachen und den nächsten Stunden geschoben, und so war Bodo schon besser gelaunt. Er summte ein kleines Lied, das er sich gerade ausgedacht hatte, während Harald Kaffee trank, aus dem Fenster schaute und grübelte.

Bodo brach schließlich das Schweigen. „Der Nachbar muß mal duschen."

Harald nickte. Er hatte bei Benjamin zuhause angerufen, doch die Mama, die ihrem Sohn morgens immer eine Orange schälte, sagte, ihr Kleiner sei auf der Arbeit. Auf der HipHop-Raketenbasis. Die Mama hatte einen Dachschaden, macht nix. War es möglich, daß der Nachbar mit Benjamins Verschwinden zu tun hatte? Vielleicht hatte er ihn gekapert, um ihn... zu essen? Der Mann war ja so dick, das lag sicherlich an seiner schlechten Ernährung. Zuviel Menschenfleisch? Andererseits hatte er doch so viele junge Lämmer um sich rum: die konnte er jederzeit schlachten. So viele? Wollte er vielleicht noch mehr?

Harald erhob sich. „Ich glaube, es ist Zeit für Commandante Zero und Flup", verkündete er entschlossen.

Bodo schüttelte den Kopf. „Ist noch nicht dunkel."

Harald zuckte mit den Schultern. „Wir können nicht solange warten."

„Und wenn ich rübergehe? Mal gucken?"

„Zum Nachbarn?"

„Das ist mein Freund. Ich habe ihm ganz viele schöne Dinge geliehen. Er ist mir dankbar. Er lacht, wenn er mich sieht."

Harald schwenkte den Kopf hin und her, sein Hirn rutschte vergnügt von einer Seite zur anderen. „Vlleicht", nuschelte er schließlich.

Bodo sprang auf. „Jawoll, jawoll, jawoll! Und ich verkleide mich. Dann weiß er nicht, wer ich bin. Aha!" Eilig rannte er aus der Küche.

Zehn Minuten später war er zurück. Er trug Sandalen, eine gelb-schwarz-gestreifte Hose und ein T-Shirt, auf dem stand: „Ich bin über 30, bitte helfen Sie mir über die Straße."

Bodo strahlte. „Ich habe mich als Idiot verkleidet. Das ist gut, oder?"

Harald nickte lachend. Er brachte seinen Kumpel zur Tür, ermahnte ihn zur Vorsicht, und sah ihm nach, während er dick und fröhlich nach nebenan wackelte.

Ein Buch ist wie ein Computerspiel, das es nicht bis Online geschafft hat. Dieses Buch macht da keine Ausnahme, liebe Kinder. Wären wir Online, könntet ihr jetzt auf die Wörter BODO und HARALD klicken, und je nach Wahl einen der beiden bei seinen Abenteuern verfolgen. In einem Buch ist das aber nicht viel schwieriger: Wenn ihr mit BODO mitgehen wollt, lest ihr hier einfach weiter. Wenn ihr dagegen sehen wollt, was Harald macht, blättert ihr ein paar Seiten vor.

Bodo liebte die Sonne, die Bäume, die kleine Straße und jeden einzelnen Tag seines Lebens, aber jetzt hatte er dafür keine Zeit: es gab eine Aufgabe zu erledigen. Benjamin war ihm eigentlich egal, er war ein

Zivi und bald wieder weg. Aber hier ging es um mehr. Bodo wußte zwar nicht genau, um was eigentlich, aber wichtig war es ganz sicher. So ging er summend und erfüllt die Straße hinab, sah ein paar kleinen Jungs beim Fahrradhockey zu, beobachtet eine Entenfamilie, die auf einer Wiese Heuschrecken grillte, und unterhielt sich für einen Moment mit der kleinen Straße, die nachts einen seltsamen Traum gehabt hatte, voller Eisenbahnen und Geländewagen. Schließlich erreichte er die gelbe Villa, klumm drei Stufen zum Eingang hinauf und klingelte. Irgendwo im Haus rumpelte es, dann näherten sich Schritte, die Tür wurde geöffnet. Vor ihm stand ein spraydosenlanger Bravo-Boy in der üblichen Tracht, mit Bauchnabelpiercing und schitter Frisur.

Bodo sah den Jungen freundlich an. „Du hast ja gar kein Gesicht. Geht das weg, wenn du schläfst? Ich bin der Nachbar von dem neuen Nachbar. Mein Sofa ist dein Sofa. Kann ich reinkommen? Draußen lauern Wölfe. Wo ist der dicke Mann im Schafspelz? Guten Tag, wie geht es Ihnen? Das war schön, woanders auch."

Der Bravo-Boy sah ihn versteinert an. Bodo lächelte immer noch. „Ich bin der Freund meines neuen Nachbarn", erklärte er nach einem kurzem Zögern. Es kam immer noch keine Reaktion.

Wäre Flup hier gewesen, hätte der Minderjährige jetzt bereits einen Kinnhaken verdaut, doch Bodo war friedlich. Er nickte lächelnd, schob den Knaben beiseite, marschierte ins Haus und gröhlte lauthals: „Hallo, ich bin der neue Nachbar. Kann ich noch was verleihen?"

Der große Kerl hinter ihm rappelte sich langsam wieder zusammen. „Äh, nu, moment mal", gluckerte es aus ihm, „sach' mal, nä, was is denn? Geht hier nich'. Kanns hier nich' rein."

Bodo beachtete ihn nicht. Er stolzierte durch die kleine Eingangshalle, den Flur hinab und betrat das Wohnzimmer. Die Kids, die am vorigen Abend hier rumgehangen hatten, waren verschwunden. Nur auf einem der Sessel saß ein Mädchen mit blonden Stoppeln und kanariengelbem Neondressing. Als er hereinkam, blickte sie von einem dünnen Buch auf. Im selben Moment stürzte der Bursche vom Empfang in den Raum und packte Bodo fest am Arm.

„Au!", schrie der arme Blöde.

„Jo, genau", rief der Junge, während sein Kopf wippte, als wäre er ein Gummiball. „So nich', nä. Ich mach' dich fertig, klar. Bummbumm. Hier, Muckis." Er zeigte auf seinen Arm.

Bodo fing an zu wimmern. Das Mädchen legte ihr Buch beiseite, stand auf und ging zu den beiden hinüber. Sie war deutlich älter als der Junge. Sie legte dem Bravo-Boy die Hand auf den Arm, woraufhin der Bodo losließ. Dann wandte sie sich dem Besucher zu.

„Und wer bist du", fragte sie so freundlich, wie sie konnte, also nicht so doll.

Bodo wimmerte noch etwas, bevor er antwortete: „Bodo. Ich wohne da drüben, nebenan. Das sind meine Möbel." Er zeigte auf das tote Sofa. „Ich wollte Matthias besuchen. Er ist mein Freund."

Das Mädchen lächelte jetzt etwas. Es sah aus, als wäre in ihrem Gesicht etwas geplatzt. „Richtig, der Nachbar. Ich weiß, Mathias, hat mir von dir erzählt. Setz dich doch." Sie wischte den Bravo-Boy mit einer Handbewegung weg und führte Bodo zum Sofa. Bodo mochte das Sofa noch weniger als die Sessel und drückte deshalb seine Gastgeberin solange zur Seite, bis er sich in einen der staubigen Polstermonster fallen lassen konnte. Das Mädchen setzte sich in das andere Ungetüm. „Schön, daß du uns mal besuchst", sagte sie. „Ich heiße übrigens Alexa. Du hast sicherlich schon von mir gehört. Ich bin das Techno-Girl der deutschen Literatur."

Bodo schüttelte den Kopf. „Ich kann nicht lesen."

Alexa lächelte. „Das ist aber schade. Na, ich kann dir ja mal was vorlesen, was? Gerade habe ich in meinem letzten Buch geschmökert, „Noch mehr Abenteuer mit dem Pizza-Bringdienst", es ist wieder ein Meisterwerk. Und da gibt es wirklich schöne Stellen. Willst du mal eine hören?"

Bodo schüttelte den Kopf, doch Alexa beachtete ihn überhaupt nicht. Sie griff nach dem Flachband, schlug ihn auf und begann zu lesen:

„Weil wir dann noch Meskalin geraucht haben und Hasch und gesoffen, bis nichts mehr geht, und dann Drogen genommen und Schnaps, da waren dann die Pupillen ganz klein, und wir guckten in den Spiegel, und da sahen wir ein Kind, daß die Mutter auf der Straße alleingelassen hat und zuhause und vorm Kühlschrank, und dann haben wir gekokst und noch mehr Drogen genommen, und die Pupillen waren jetzt kaum noch zu sehen, aber Kohldampf hatten wir alle, am liebsten hätten wir gefickt, aber wir waren ja ganz alleine, wie damals im Wald, als der Neger, wie hieß denn der noch, und ein Kohldampf, Wahnsinn, aber der Pizzamann kam nicht und dann haben wir noch Klebstoff geschnüffelt und wahnsinnig teuren Champagner und Drogen genommen und die Pupillen waren dann weg, wie Mama, und endlich hat es geklingelt, boahh, die Pizza, aber dann die Kiste aufgemacht, da war Fisch drauf, bäh, ist ja widerlich, und dann haben wir den Pizzamann verprügelt und überall Blut und Sperma und Säcke voller Dreck, und der war dann weg, und dann haben wir unseren Anwalt angerufen auf Jamaika und das war wahnsinnig teuer, so daß wir dann noch Drogen nehmen mußten, um zu vergessen, unser Leben und was weiß ich, fällt mir jetzt nicht ein, und dann war der Geburtstag vorbei und wir waren fünfzehn."

Alexa klappte das Buch zu. „Super, oder?"

Bodo starrte sie fasziniert an. Ein sprechender Heuhaufen.

Das Techno-Girl der deutschen Literatur war begeistert. „Das habe ich geschrieben und weggeschickt und die haben das gedruckt", erzählte es fröhlich. „Ich habe auch schon noch zwei mehr fertig, weil das geht schnell bei mir, und alles ganz toll. Aber so berühmt bist du wohl nicht, oder?" Sie schaute ihn fragend an. Bodo schüttelte den Kopf. „Na, macht nichts, reicht ja, wenn ich es bin", erklärte sie tröstend. „Im Jetzt-Magazin bin auch wieder und in der FR und im Spiegel und in der FAZ und im Focus und im Stern und in der Zeit..."

Bodo schreckte hoch. „Zeit, genau", murmelte er, „so spät. Mathias? Wo ist er? Ich komme, um ihn zu besuchen. Der neue Nachbar."

Alexa schüttelte den Kopf. „Mathias ist nicht da. Er hat einen neuen... Mitarbeiter. Er hat leider keine Zeit. Und dann fährt er wieder nach Berlin. Aber ich kann dir noch was vorlesen. Oder vielleicht willst du mal meine Kritiken sehen." Sie fischte aus der schwarzen DJ-Tasche, die an ihrem Sessel lehnte, eine dicke Mappe und schlug sie auf. „Hier, gleich am Anfang..."

Bodo erhob sich. „Mir ist schwindelig", murmelte er leise. „Ich gehe jetzt besser." Er wankte zur Tür.

Alexa sah ihm beleidigt hinterher. „Eyhh, wieso haust du denn ab? Das ist doch geil. Da, guck mal, hier bin ich der Dostojewski des Dopamin, und hier..."

Doch Bodo hörte sie nicht mehr. Er war schon an der Tür und freute sich auf eine lungevoll Luft. Da fiel ihm ein, daß er noch eine Aufgabe hatte.

Alexa hat keinen Freund, deswegen schreibt sie solche Bücher. Darf man seine Probleme so lösen, oder geht es auch, ohne anderen auf die Nerven zu gehen? Diskutiert das in der Gruppe.

Auf Zehenspitzen schlich Bodo durch das Haus. Aus dem Wohnzimmer kam die Stimme Alexas, die in einem schrillernden Tremolo abwechselnd aus ihrem Buch und den Kritiken vorlas. Die Luft zitterte. Bodo auch. Leise ging er den Flur hinab. Da, die Küche. Leer, bis auf den Herd, die Einbauschränke, und die Sachen, die aus seinem Haus kamen. Die Abstellkammer. Leer. Ein Zimmer. Leer. Ein Klo. Leer, bis aufs Klo, klar. Bodo überlegte, ob er ab und zu singen sollte, damit auch alle merkten, daß er hier praktisch lautlos durch das Haus schlich, entschied sich dann aber dagegen. Commandante Zero wollte das gestern auch nicht, und der wußte immer alles richtig. Er schlich die Treppe zum ersten Stock hinauf. Oben hielt er die Luft an und lauschte. Nichts war zu hören außer Alexa, die schrill das Sofa ankreischte. Er ging weiter. Ein Zimmer. Leer. Noch ein Zimmer. Leer. Ein Klo. Das saß der Bravo-Boy und kackte. Noch ein Zimmer. Leer. Ein Bad. Leer bis auf die Badewanne. Noch ein Zimmer. Leer.

„Eyhh, was mach's du'hn da?" Bodo drehte sich um. Hinter ihm stand der große kleine Junge. Seine Hose, die ihm sonst knapp über dem Hintern hing, schlackerte jetzt um die Knöchel. Er sah böse aus.

Bodo lächelte. „Der Ausgang. Ist weg. Schwer zu finden. Weißt du? Ich nicht."

Der Bursche überlegte. Dann fletschte er die Zähne. „Äh, denks 'su, ich bin blöd. Im ersen Stock? Die Tür is unten. Weißt du doch. Du wills mich echt voll verschatten, wa? Mit mia nich'." Er richte sich zu seiner vollen Kalbfleischmästungslänge von grob zwei Metern auf und kam bedrohlich näher. Doch da war ihm noch die Hose im Weg, in der er sich mit jedem Schritt mehr verhedderte, verhaderte, verknotete, verknuff. Schließlich mußte er stehenbleiben. Für einen Moment schwankte er unentschlossen auf der Stelle, dann knallte er, ein leises „Moment mal" murmelnd, mit der Fresse voran auf die dunkelroten Teppichfliesen.

Bodo sah zu ihm herab. „Ich geh dann mal", rief er fröhlich, sprang auf den Rücken des Knabens, der leise uffte, und flitzte über ihn hinweg zur Treppe. Ein paar Sekunden später war er unten, die Tür auf, und schon stand er auf der Straße, die wie ein treuer Gefährte auf ihn gewartet hatte. Na, das war gerade noch mal gut gegangen. Er sah zurück. Aus einem Fenster im ersten Stock sah ihm der Bravo-Boy nach. Wütend. Na, besser als blöd.

Fröhlich trollte sich Bodo das kurze Stück nach Hause. Jetzt war aber mal Zeit für einen Kakao. Er konnte sich doch nicht den ganzen Tag um den verschwundenen Benjamin kümmern. Sonst wäre er bald selber völlig weg. Wegen Hunger, Durst, Kakaomangel. Lebensumstände.

So! Und nun schauen wir mal, was HARALD erlebt hat.

Harald sah zu, wie Bodo fröhlich die Straße hinab zur Villa schlackerte, und schloß dann kopfschüttelnd die Tür. Der vergessene Zivi wollte es nicht mal vor sich selber zugeben, doch er war besorgt, denn Bodo war besorgt, und das war, wie er wußte, nicht gut. Was sollte er tun? Meditieren? Harald ging ins Wohnzimmer, legte sich auf den Teppich und schloß die Augen. Seine Gedanken wurden frei und ungezwungen, sein Ich floß in die große Mutter Erde, seine Beine wurden schwer, seine Arme auch so sehr, nun war er nur noch ein Aroma, bald allein die Erinnerung an ein Stück Käse aus der Schweiz. Eine Minute später hörte man ihn schnarchen.

Elf Minuten lang tobte das Leben: Die Vögel pickten komplexe Rhythmen ans Fenster, die Wände bogen sich vor Lachen, der Teppich wälzte den Meditateur heftig hin und her, im Kühlschrank fand eine Versammlung statt, ein Fluchblatt rollte sich zusammen und bald hinaus, am anderen Ende der Stadt spielte jemand Backgammon. Dann klingelte es.

Harald schreckte hoch, die Wände verharrten krumm und kichernd, der Zivi erhob sich mühsam, die Vögel flatterten davon, er wankte zur Tür, der Teppich besann sich auf die Schwerkraft, er öffnete.

Vor der Tür stand ein unwahrscheinlich häßlicher, fetter Mitvierziger in einem kanariengelben Trainingsanzug. Sein Gesicht war dünn wie Pizzateig, als er fragte: „Sind sie der Hausherr?"

Harald nickte, weil es ihm egal war. Der Mann lächelte wie erfrorene Zehen. „Ich bin... Mein Name ist Fischer, ähm Marc Fischer. Äh, quatsch, das ist ja der Rockstar. Nein, Fritz Fischer. Ach nee, das kann ich nicht. Johann Caspar Ferdinand? Oder Kuno? Vielleicht Wilhelm? Na, sie wissen schon. Sie haben mich doch sicher mal im TV gesehen, was?"

Harald schüttelte den Kopf.

Fischer lachte. „Sie sind mir ja einer. Erst mich einladen und dann solche Scherze. Ich bin's, der Aussenminister."

Harald sah ihn ungläubig an. „Der Aussenminister? Können Sie das beweisen?"

Fischer kramte in seiner Tasche und zog schließlich einen in

Eisenwaren lamentierten Ausweis hervor. Harald betrachtete ihn ausführlich: Da stand der Name (Fischer), der Beruf (Aussenminister) und die Partei. Die Partei? Harald grinste. „Du bist einer von uns. Na, sag das doch gleich. Komm rein, mensch. Ich habe soviel verpasst in den letzten fünfzehn Jahren. Also genau genommen alles." Er führte Fischer ins Wohnzimmer und, weil es ihm dort zu leer vorkam, weiter in den Garten. „Ich kümmere mich schon lange nicht mehr um Politik. Aber ich habe immer die Grünen gewählt. Und jetzt sind wir also an der Macht. Mensch, ist doch super. Und die Atomkraftwerke sind echt alle abgeschaltet? Die Banken verstaatlicht? Frauen regieren das Land? Statt Autobahnen bauen wir Kindergärten, Schulen und Krankenhäuser? Und alle arbeiten nur noch dreißig Stunden? Fantastisch! Daß ich das noch erleben darf."

Fischer lachte laut, drosch Harald kräftig auf die Schulter und brüllte: „Du bist schon ein Scherzkeks. Finde ich auch gut, daß wir gleich so zum Du gefunden haben, weißt du." Er sah sich um. Licht blinzelte durch die Bäume, er sah einen Moment hoch, an irgendwas erinnerte ihn dieses... Ding? da oben, was auch immer, irgendwas mit Energie... naja, jedenfalls konnte man es wohl nicht verkaufen, und es sah auch nicht so aus, als würde es applaudieren, also egal, das... Ding? Er fixierte Harald, den er sich ganz anders vorgestellt hatte und kam zum Grund seines Besuchs: „Aber im Ernst: Wir müßen jetzt mal zu Potte kommen. Ich meine, du weißt, wie es in Berlin steht. In drei Tagen ist Deadline. Und es wäre schon gut, eine Million Menschen zu meinen Sklaven... äh, Wählern zu machen. Funktioniert denn der Prototyp inzwischen?"

Harald ging in seinem von Meditation verdämmerten Hirn langsam ein Licht auf: Der Aussenminister hatte sich geirrt, er wollte eigentlich zum neuen Nachbarn. Und die beiden hatten einen Plan. Unauffällig rückte er von dem grünen Mann ab. „Naja, zum Teil", erklärte er vage. „Was genau wären denn deine Vorstellung?"

Fischers Lächeln verschwand schlagartig, er wurde ernst. Es war, als hätte er Freizeit. „Naja, es wäre schon gut, wenn es so laufen würde, wie ich gesagt habe. Und zwar genau so." Er biss die Zähne zusammen, bis der Kiefer krachte. „Du weißt ja, wie es ist. Wir haben keine Armee, kein Geheimdienst, kein Mordkommando, keine Geldwaschmaschinen, keine Ninjas. Die anderen geben uns einfach nichts ab. Aber eine Million Technofans als meine Sklaven? Das würde helfen! Die sind jung, schnell und ohne Gewissen. Die gehen in jeden Krieg, die legen jeden um, die haben laute Musik und coole Frisuren, mit denen mache ich erst mal die Schweiz platt, ich werde Alpenkaiser, ich lebe in Neuschwanstein, und das ist nur der Anfang, danach die ganze Welt, Fischer Forever, und dann kommt das beschissene Fahrrad weg und ich bretter mit 'nem Porsche über die Autobahn, von Helsinki bis Genua, und alles ist Deutschland, Deutschland, Deutschland. Jawoll", Fischer seufzte erschöpft, „das wollen wir doch mal sehen, hah?"

Harald war kurz davor, den Nullmeridian zu überschreiten, doch er hielt sich zurück. „Neuschwanstein ist in Bayern", erklärte er leise.

Fischer sah ihn irritiert an. „Na und", kläffte er. „Bayern kommt weg, die schicke ich alle auf den Balkan, da kann die CSU Rumänien regieren. Scheißdreck." Er atmete, beruhigte sich aber schnell. „Ich habe heute nur wenig Zeit, ist klar, ich bin wichtig. Aber wir sind uns handelseinig. Du machst das, und kriegst dafür den Posten. Propagandaminister, hm? Mit einem Amt auf dem Popocatepetel oder sonstwo im Ruhrgebiet."

Harald ballte seine Faust. „Der Popocatepetel ist in Mexiko", erklärte er noch leiser als zuvor.

Fischer blickte ihn entnervt an. „Sag mal, bist du'n Erdkundelehrer, oder was?"

In diesem Moment klingelte es an der Tür. Harald ließ den bald toten Aussenminister stehen und ging nach vorn. Draußen waren drei replike Kerle mit schwatten Anzügen, schwatten Sonnenbrillen, schwatten Haaren, und einem Knopf im Ohr. Die kamen aber nicht von Steiff.

„Guten Tag", sagte der eine. „Wir sind die 'Guards vom Boss. Der nächste Termin ist fällig."

Der Aussenminister erschien hinter Harald. „Die sind für mich", erklärte er knapp. Er wandte sich an einen der Berufsmörder, ein liebevoller Vater von zwei Kindern, der in seiner Freizeit gefühlvolle Lieder über die Schönheit der Welt schrieb, gestern erst eins über Lupinen. „Was ist es?"

Der Lupinenmörder guckte auf seinen Block. „Fahrradfahren. Für die Presse."

Fischer verdrehte die Augen. „Ich hasse Fahrradfahren." Er wandte sich Harald zu. „Aber das ist ja wohl bald nicht mehr nötig, was?" Er hielt seinem Gastgeber einen feuchten, rosa Lappen hin, seine Hand. Harald ignorierte sie. Fischer hatte nichts anderes erwartet. „Du bist einer von uns", erklärte er anerkennend, „du gefällst mir." Dann ging er hinaus.

An der Tür drehte er sich noch mal um: „Und denk dran: Du bist der

Chef von allem, was gedacht wird, der Meister des Hirns. Mit 'ner eigenen Sendung auf Viva. Und jede Woche den Leitartikel in der Zeit. Ach nee, das macht ja Roger. Na dann eben im Spiegel, ist ja wurscht, was? Sieg und Spiel, sag' ich nur. Guter Slogan übrigens, besten Dank. Wir sehen uns in Berlin."

Der Aussenminister drehte sich um und eilte hinter seinen Begleitern die Straße hinab. Harald schloß langsam die Tür. Ohne ein Wort, ohne einen Gedanken ging er durch das Haus, in den Keller, zu seinem Regal, zog die Pistole hervor, ging wieder hinauf, durch das Haus, zur Tür, hinaus. Dort stand Bodo, der gerade klingeln wollte. Harald schob ihn ohne ein Wort, ohne einen Gedanken beiseite und sah sich um: Der Aussenminister war verschwunden. Bodo, der eben noch fröhlich gelacht hatte, betrachtete besorgt zuerst seinen Freund und dann die Waffe.

„Spatzen brauchen Kanonenkugeln nicht", murmelte er leise.

„Spatzen platzen", antwortete Harald grimmig. Schweigend gingen sie ins Haus.

DREI

GRÜN IST JETZT GELB

Jedes Teilchen im Universum versucht, mit allen anderen Teilchen im Universum ins Gleichgewicht zu kommen, wie ein Kind, das auf einer Wippe mit seinem Gegenüber ins Gleichgewicht kommen will. Nur hat in diesem Fall das Kind nicht einen Gegenüber, sondern ganz viele, jedes Kind der Welt zur selben Zeit, und jedes auf einer anderen Wippe. Dazu kommt, daß wenn ein Kind das Gleichgewicht mit einem anderen findet, sich das Verhältnis zu den übrigen Kindern verändert, und so weiter, von Kind zu Kind, und Gleichgewicht zu Gleichgewicht, immer fort, unberechenbar und unendlich komplex. Trotzdem wird es eines Tages, nach langer, langer Zeit, jedes Teilchen geschafft haben, zu allen anderen ein Gleichgewicht zu finden. Das ist der Endzustand der Entropie: das Chaos.

Der Kakao war noch zu heiß zum Trinken, und die Kekse in der kleinen, klitzeblauen Schüssel ohne die dickflüssige Leckerei nur ein lustloser Haufen, also saßen Bodo und Harald auf dem Arbeitsbrett der Einbauküche, sahen schweigend in den Garten, wo sich Blumen und Insekten unter sanftem Gesumm paarten, und warteten. Bodo war sich gut, ein warmer Wind fegte in ihm alles beiseite, alles außer der Lust auf Kakao. Doch in Harald nagten Gedanken. Der Zivi grübelte, er rauchte das gute Gras, er rauchte und grübelte, immer abwechselnd, bis nur ein kleiner Spitz übrig war, sowohl als auch. Da drückte er die Rolle aus, sprang von der geborstenen Resopalplatte, drehte sich auf dem taghellen Steinfußboden um sich selber, mehrfach und extra oft, bis ihm schwindlig war, und erklärte dann Bodo: „Das ist nicht richtig."

Bodo betrachtete ihn mit leergeblasenen Augen. „Warum nicht?"

Harald zögerte einen Moment. Er war nicht sicher, wo es losging. „Man überfällt keine Länder", erklärte er endlich. „Das ist wie mit Menschen."

„Menschen können sich wehren."

„Länder auch. Aber die Schweiz ist kleiner als Deutschland."

„Ich bin auch nicht so groß."

„Die Schweiz ist aber nicht so hemmungslos wie du."

„Hemmungslos? Was ist das?"

Harald sah hinaus in den Garten. Da draußen waren Frösche, die hätte wer küssen können und niemals, aber auch niemals, wäre ein Prinz daraus geworden. Er setzte noch einmal an.

„Der Aussenminister will wen versklaven, eine Million Menschen, mindestens", erklärte er Bodo.

Bodo zuckte mit den Achseln. „Versklaven? Was ist das?"

„Das ist, wenn man jemand dazu zwingt, etwas zu tun, was man selber will, der andere aber nicht, und man kann sich nicht einigen, aber dann wird es doch gemacht, das wollen wir doch mal sehen."

„Und was wollen die nicht?"

„Die Schweiz überfallen. Sag ich doch. Zumindest nicht alle."

„Was wollen die denn dann?"

„Weiß ich nicht. Was anderes. Da gibt es unterschiedliche Meinungen. Die Menschen machen immer alle ganz verschiedene Sachen."

„Ist doch aber schöner, wenn man was zusammen macht."

„Aber nicht Länder überfallen!"

„Warum denn nicht?"

Der Kakao war nun etwas abgekühlt. Harald nahm seinen Becher und pustete vorsichtig. Bodo kramte aus der Schublade einen Löffel, mit dem er umständlich die Haut abhob.

Harald setzte noch mal an. „Du mußt dir das anders vorstellen. Sieh mal, das sind Menschen, ja? Wie wir. Die haben ein Haus, Freunde, Arbeit. Die leben irgendwo. Und nun zwingt sie der Aussenminister, in die Schweiz zu fahren."

„Wie ist denn die? Die Schweiz? Ist die schön?"

„Ja, ganz schön. Aber klein. Obwohl, die Berge sind sehr hoch. Und viel Landschaft. Hübsch."

„Dann ist das gut, wenn die da hinfahren."

„Ja, schon, aber nicht in dem Fall. Die Leute fahren doch nicht zum Spaß. Die sollen das Land erobern. Andere Menschen töten."

„Und die anderen Menschen wehren sich nicht, weil sie so klein sind."

„Nein, das nicht. Die Schweizer sind wacker. Die verschanzen sich in den Bergen. Oder im Bunker. Die hocken hinter den Felsen wie Indianer und gucken über die Ebene. Da kommt der Aussenminister. Hinter ihm die Sklaven. Der Aussenminister ist ein gutes Ziel, er trägt einen gelben Trainingsanzug. Um die Schweizer muß man sich keine Sorgen machen."

„Dann ist doch alles gut."

„Aber die anderen werden auch erschossen."

„Die Sklaven."

„Genau."

„Na und? Die haben angefangen. Die haben selber schuld."

„Aber doch nicht freiwillig. Der Aussenminister hat sie gezwungen."

„Dann dürfen die Schweizer sie nicht erschiessen. Wir schreiben einen Brief."

Der Kakao war gut. Harald und Bodo verfolgten, wie er im Mund ein sanftes Feuerwerk entfoch, wie er träge und warm wie eine Katze durch den Körper rutschte, und wie er sich endlich im Bauch zusammenrollte.

„Wem willst du einen Brief schreiben?", fragte Harald, der plötzlich ungemein entspannt war.

„Weiß nicht", brummte Bodo, der ebenfalls vergessen hatte, worüber sie gesprochen hatten.

Beide schauten hinaus in den Garten. Es war im-Garten-spielen-Wetter.

„Wollen wir im Garten spielen", sagte Bodo.

„Hm", antwortete Harald.

„Hast du keine Lust?", fragte Bodo.

„Hm", antwortete Harald.

„Was willst du denn machen?", fragte Bodo.

„Hm", antwortete Harald. Er überlegte einen Moment. „Wir können in die Schweiz fahren."

Bodo verzog den Mund. „Wir fahren nie weg."

„Das können wir ändern."

„Warum?"

„Damit wir uns nicht langweilen."

„Wir langweilen uns nicht."

„Stimmt. Aber wir sollten uns langweilen. Wir machen immer dasselbe. Das ist langweilig."

„Finde ich nicht."

„Ich auch nicht."

Der Kakao war ausgetrunken. Harald stellte die Becher in die Spüle. Er sah hinaus in den Garten. Es war im-Garten-spielen-Wetter.

„Wollen wir im Garten spielen", sagte Bodo.

„Hm", antwortete Harald.

„Hast du keine Lust?", fragte Bodo.

„Hm", antwortete Harald.

„Was willst du denn machen?", fragte Bodo.

„Hm", antwortete Harald. „Wir können nach Berlin fahren. Wir können zusehen, wie der Aussenminister die Leute versklavt."

„Aber du magst den Aussenminister nicht."

„Er ist ein böser Mensch. Man sollte ihn erschiessen. Naja, das spricht gegen ihn."

„Dann wollen wir ihn nicht besuchen."

„Wir können ihm den Brief geben."

„Den Brief für den Aussenminister?"

„Nein, den Brief für die Schweizer. Damit die niemand erschießen. Außer den Aussenminister."

„Vielleicht fährt der Aussenminister garnicht in die Schweiz."

„Doch, doch! Das ist der Plan."

„Vielleicht klappt der Plan nicht."

„Wieso?"

„Weiß nicht. Weil keiner kommt."

„Glaub' ich nicht."

„Oder vielleicht, weil der Nachbar keine Zeit hat."

„Der Nachbar?"

Harald starrte Bodo an. Bodo starrte Harald an. Dann riefen beide im Chor: „Der Nachbar muß mal duschen." Und Harald, der sich gleich noch mal um sich selber drehte, fügte lachend hinzu: „Wasser marsch!"

Die kleine Stadt, in der Harald und Bodo leben, hat noch keinen Namen und wird auch keinen kriegen, weil: Es ist nur irgendein Provinzplotz in Westdeutschland. Den könnt ihr euch sicher vorstellen. Ihr wißt schon: Die Einkaufszone mit den aufgebrezelten Altbauten, die überflüssige Umgehungsstraße, der häßliche Betonklotz der Stadtsparkasse am historischen Marktplatz, das jährliche Stadtfest, die Nächte am Wochenende zwischen 24-Stunden-Tankstelle und Großraumdisco, die Bücherei, das Haus der Jugend, die Kirmes, der Turnverein.

Es war schon später Nachmittag, als sich Bodo und Harald auf den Weg in die Stadt machten. Bodo summte ein Lied und Harald grübelte, so daß beide nicht merkten, wie die Menschenmenge immer dichter und der Lärm immer lauter wurde. Erst als ein kleiner Mann mit einer Tuba

Harald ins Ohr trötete, erwachte der Zivi aus seinem Tran. Irritiert sah er sich um. Sie befanden sich in dem ruhigen Zentrum des Ortes: Links war der Marktplatz mit dem Betonwutz der Sparkasse, wo Harald seine Schecks einlöste, rechts die mutwillig gepflasterte Einkaufszone mit den brüllenden Geschäften und den „draußen nur Kännchen"-, „Pizza aus dem Steinbackofen"- und „Eis aus Italien"-Lokalen, vor denen sich im Sommer einige wacklige Tische an fremde, faltige Hälse warfen. Normalerweise strolchten hier bloß ein paar Hausfrauen durch die Rabatten, Rentner warteten still auf Erdbeertörtchen, und Schüler beschwerten sich lautstark über echt krasse Matheklausuren.

Heute aber nicht. Heute war hier jeder, der ganze Ort, und alles rannte rum, Kopf unterm Arm und ab durch die Mitte, ein Gebrüll und Geschrei, ein Drängen und Würgen, jetzt mal schauen, hier links, und dann da vorne, „komm' mal rüba hia, hia is 'ne Lügge", zack, zack, und so waren auch Bodo und Harald schon auf den Marktplatz gespült, umringt von ein paar prima Jungs in schwarzrotgold-T-Shirts, die „Jetzt geht's los" sangen und schwitzten, als gelte es, die Welt zu bewässern. Bodo sah fragend zu Harald, doch der zuckte nur die Achseln.

„Fußball", vermutete er halblaut.

Einer der Jungs drehte sich grinsend um, er sah aus wie ein geplatzter Frosch. „Was seid ihr denn gleich für Penner", fragte er mit zähnefletschendem Frohsinn. „Ihr kricht gleich eins auf die Müze. Da kommt gleich der Aussenminister, der hält gleich 'ne Rede. Da könn' wir gleich auf Typen wie euch gut verzichten, is' klar."

Bodo lachte. „Jetzt gleich?"

Der Typ fixierte ihn böse, irgendwo in seinem Kopf setzte sich ruckelnd ein Zug voll Gedanken in Fahrt, doch das Ziel war fern, die Maschine kaum benützt und die Umstände schwierig, so daß die Physis einen Gang zulegte, eine Entscheidung fällte und sich der Typ wieder umdrehte, von der plötzlichen Bewegung selbst überrascht und noch Tage nach Worten suchend.

Haralds Augenbrauen zogen sich zusammen wie Wolken über der Alm, doch Bodo nahm seinen Arm und zog ihn durch dichter werdende Menge in eine kühle Seitenstrasse, die sich unauffällig vom Marktplatz entfernte.

„Wir schreiben einen Brief", erinnerte Bodo Harald. „Und der Nachbar geht duschen."

Harald nickte, doch sein Mund verzog sich wie nach einer Zitrone.

Hinter ihnen kam die Menge in Bewegung. Die beiden drehten sich um und blickten über den bis zum Rand vollgepackten Platz. Am anderen Ende der Vollversammlung stand das Rathaus, ein verunglücktes Stück Lehm aus dem 19. Jahrhundert, das mit einer Ladung Gips ins heute geklitscht worden war. Und davor eine Bühne, auf der gerade der Bürgermeister an einem Mikrofon Stellung bezog. Bodo und Harald legten sich gleichzeitig die Hände vor die Augen.

Der Bürgermeister war guter Dinge. Er lachte speckig, sein runder Kopf wackelte pudelrot über dem Bürgermeisterbauch. Er wunk, die Menge wunk zurück. Der Bürgermeister strahlte.

„Liebe Fitbürger, verzweufelte Gemeinde, meine lieben Erbsen", begann er launig. „Dies ist ein Tag, wie wir ihn nicht zweimal sehen werden. Aber das wird, wir können es schon heute sagen, nicht immer so bleiben. Denn das haben wir uns verdient." Applaus. „Jawohl, ich blicke zurück. Damals war ich noch jung, die Tage waren fern. Aber was lehrt uns wohl die Geschichte? Doch nur, was wir alle wissen. Denn dafür haben wir gekämpft. Und wer sagt, so geht es nicht, dem antworten wir: Wieso auch?" Die Menge lachte schallend. „Ja, das ist wahr. Ein gut Ding will Eile haben. Aber ich sage auch: Seht her! Die Tüte ist voll! Wem verdanken wir das, wenn nicht uns? Und das ist nicht selbstverständlich. Doch jetzt fassen wir uns an die Hände. Und wenn wir singen, werden wir gehört. Dafür sage ich danke!" Die Menge jubelte, ein feuchter Applaus ergoss sich über den Redner, der in Sekunden pitschnass war.

Harald und Bodo schüttelten die Köpfe und wendeten sich zum Gehen, doch der Bürgermeister kam noch einmal ans Mikro. „Keine Sorge, ich will nicht noch eine Rede halten", erklärte er scherzhaft. „Ich habe viel mehr die Ehre, unseren fantastischen Gast anzukündigen." Sein Stimme erhob sich. „Und jetzt", rief er übergeschnappt, „der Mann, auf den wir alle gewartet haben. Der Einzige! Der Einmalige! Der Größte! Unser Aussenminister!"

Die Menge tobte, während der Star des Tages vor sein aufgepuschtes Publikum trat. Fischer hob die rechte Faust, Daumen nach oben. Die Menge rief begeistert „Sieg und Spiel", der Aussenminister brüllte „Sieg und Spiel", das Echo war ein infernalisches Kreischen, „Sieg und Spiel". Es war ohrenbetäubend. Schließlich beruhigten sich alle.

Fischer griff das Mikro, riss es aus der Halterung und stürzte zum Bühnenrand. „Jawohl, Sieg und Spiel" rief er, „das habe ich gesagt, und so ist es gekommen." Die Menge jubelte. Fischer hob die Hand. Stille trat ein. „Doch das war nur der Anfang. Es geht weiter, es muß weitergehen, wir alle wissen das. Die Zukunft kann nicht ohne uns stattfinden. Und sie wird es auch nicht. Heute und hier, in dieser Stadt beginnt eine neue Zeitrechnung. Denn etwas stimmt nicht in unserem Staate, etwas hat sich geändert. Und ich werde ihnen hier und heute sagen, was es ist. Einige von ihnen wissen es schon, sie haben die Zeichen gelesen. Die anderen sollen es jetzt sofort erfahren. Es ist ganz einfach, so einfach wie der Gedankenblitz von Albert Einstein, der uns die Atomkraft bescherte. So einfach wie die Erkenntnis des berühmten Helden, der dabei zusah, wie ein Apfel von einem Baum fiel und der damit die Biodynamik entdeckte. So einfach wie die Idee des unbekannten Genies, das vor vielen tausend Jahren, hier, in dieser Stadt, das Rad erfand, und der heute weinen würde, könnte er unsere Autobahnen sehen. Ich sage es ihnen jetzt, an diesem Ort. Und sie werden sich daran erinnern, wenn sie es in vielen, vielen Jahren ihren Enkeln erzählen. Sie, die sie hier und heute dabei sind, in diesem historischen Moment." Die Spannung stieg. Kein Ton war zu hören. Wer konnte, hielt die Luft an. „Meine Damen und Herren", setzte Fischer betont langsam an, „ich sage es nun zum ersten mal, aber ich werde es wieder und wieder sagen, solange, bis es die ganze Welt begreift: Grün ist jetzt gelb."

Einen Moment war es totenstill. Dann ertönte ein Aufschrei, wie er seit Jahrtausenden nicht zu hören war. Alle brüllten wie Dinosaurier auf dem Weg ins Watt, Menschen tanzten, hinter der Bühne knatterte ein Feuerwerk, die Luft zitterte, und endlich, nach einem Wink des Stargast, setzte ein Beat ein, ein DJ, der zwischen zwei Plattenspielern an der Rückseite der Bühne gewartet hatte, scratchte ein kurzes Intro, und der Aussenminister begann zu rappen.

„Und ich sage euch heute
meine lieben Leute
diese Sache ist gut
denn sie bringt neues Blut
in unser Land
in unsere Hand
und wohl bekannt
ist natürlich euch allen
daß ich das nicht tue, um euch zu gefallen
nein, dies dient alleine dem Wohle der Menschheit
und wer nicht dabei ist, muß sehen, was sonst bleibt

denn wir sind nicht nur viele, nein, wir sind alle
und wer gegen uns ist, der sitzt in der Falle
darum erkläre ich heute der ganzen Welt:
Grün ist jetzt gelb! Grün ist jetzt gelb!"
Die Menge jubelierte, ein paar Zuhörer wiederholten den Refrain,
denn sie hatten dafür Geld bekommen, schließlich schrie der ganze
Marktplatz mit einer einzigen gewaltigen Gosche „grün ist jetzt gelb,
grün ist jetzt gelb."
Auch Bodo war begeistert. „Der rappt aber gut", stellte er
anerkennend fest.
Harald winkte ab. „Solche Leute haben immer einen Ghostrapper." Er
sah die kleine Gasse hinab, die hinter ihnen wartete wie ein leeres Taxi.
„Komm, laß uns gehen. Wir sind spät dran." Widerwillig drehte sich
Bodo um. „Okay", brummte er gutgelaunt. Dann tanzte er im Rhythmus
des DJs das Kopfsteinpflaster hinauf.

Als er jung war, wollte der Bürgermeister Rock'n'Roll-Sänger werden.
Er bewunderte Peter Kraus und wünschte sich zum Geburtstag eine
Stromgitarre oder wenigstens eine Lederjacke. Sein Vater schenkte ihm
stattdessen ein Luftgewehr, denn er wollte, daß der Junge mal einen
anständigen Beruf ergreift. Dies hat er bis heute nicht geschafft, doch
weder ihm noch seinem senilen Erzeuger ist das jemals aufgefallen.

Ein paar Minuten später erreichten Harald und Bodo eine schiefe
Gasse mit einem schiefen Haus aus schiefem Fachwerkgebälk, das von
nicht viel mehr als etwas gutem Glauben zusammengehalten wurde.
Über der kleinen, schiefen Tür hing ein großes, helles Schild, auf dem in
dicken roten Buchstaben „Alfar" stand, doch dies war das einzige
Zeichen dafür, daß das Haus überhaupt bewohnt war. Die Tür war
geschlossen, die Fenster matt verschmiert und sogar die Straße
ungewöhnlich still. Der Lärm vom Marktplatz war hier nur noch ein
leises Dröhnen, wie von einem übermütigen Insekt, das betrunken nach
Hause kommt, und so schien es, als sei eventuell die ganze Welt
verlassen, auf jeden Fall aber dieser Ort. Doch Bodo und Harald wußten
es besser. Hier, in diesem schamütten Gemäuer befand sich der kleine
Laden ihres Freundes Meiermeier. Und der alte Kaufmann war immer für
jeden da, der ihn brauchte.
Harald öffnete die Tür, eine Glocke blimmelte zart und ein wohl

bekanntes Rascheln wie von verwehtem Reispapier erklang. Einen Moment später standen die Freunde in dem halbdunklen Laden. Ihre Augen gewöhnten sich langsam an das Zwielicht, doch sie erkannten nur Schatten, überall, im ganzen Raum, und in den Schatten weitere Schatten. Das war aber völlig normal. Also warteten sie, bis aus dem hinteren Teil des Geschäfts ein dürrer kleiner Mann in braunen Hosen und einer grauen Strickjacke auf sie zukam. Der Mann war fünfzig oder hundertfünfzig Jahre alt, niemand hätte es genau sagen können, doch die hellen, flinken Augen und die wirren weißen Haare verrieten auf den ersten Blick, daß er ein schlauer Kerl war, der sich nicht gerne kämmte.

Ein breites Lächeln erhellte Meiermeiers Gesicht, als er seine Gäste erkannte. „Bodo", rief er fröhlich. „Und Harald? Was machst du hier? Der Monat ist noch nicht rum." Er hielt inne und sah die beiden besorgt an. „Ihr habt doch keine Probleme, oder?"

Harald nickte ernst. Meiermeiers Lächeln erstarb stückchenweise, während ihm Harald erzählte. Wie die Schweizer in den Bergen warteten, wie der Aussenminister in der Ebene aufmarschierte, wie der Nachbar derart stank, daß bald die ganze Stadt geräumt werden mußte. Am Ende seufzte Meiermeier, dann Harald und Bodo, dann alle gemeinsam, und schließlich auch noch die Schatten. Die Lage war bedenklich.

„Und jetzt?", fragte Meiermeier.

Harald zuckte mit den Schultern. „Wir fahren nach Berlin", erklärte er, als würde er es selbst nicht glauben.

„Und was wollt ihr da tun?"

„Wir machen alles wieder gut", erklärte Bodo stolz. „Wie immer."

Harald nickte zögernd. „Das kann nicht so schwierig sein. Wir gehen hin, machen den Nachbarn nass und verschwinden wieder. Wir wissen zwar nicht genau, wo die Sache stattfindet, aber es muß ein großes Ding sein. Irgendetwas, wo eine Million Menschen sind. Vielleicht eine Demo. Ich war damals in Bonn, bei der ersten Friedensdemo. Da waren wir schon zweihundertfünfzigtausend. Wer weiß, wieviel Leute heute zu so etwas kommen."

Meiermeier sah Harald zweifelnd an. „Ich weiß nicht, ob du dich da nicht täuschst", wandte er vorsichtig ein. „Seit damals ist viel Zeit vergangen."

Harald schwieg nachdenklich. „Vielleicht", gab er endlich zu. „Aber wenn alles nichts hilft, haben wir immer noch den Namen des Nachbarn. Er ist Trendforscher, sagt er. Vielleicht hat er in Berlin ein

Büro. Ich weiß sowieso nicht, was er hier will, in unserer kleinen Stadt."

Die drei schwiegen. Um sie herum raschelte es, Schatten flitzten hin und her, einige winkten, die Freunde winkten zurück.

„Und wie kann ich euch helfen", fragte Meiermeier nach ein paar Minuten.

Harald sah den Kaufmann ernst an. „Wir brauchen ein Auto. Und zwei Reisepässe."

Meiermeier ist ein isländischer Russe und heißt eigentlich Ulfursatovski Gutmannsonskewitsch. Bei seiner Einwanderung wollte er aus naheliegenden Gründen seinen Namen ändern, doch war er bis zur letzten Sekunde unentschlossen, ob er sich eher Müller oder Meier nennen sollte. Als der Zöllner „Name?" bellte, antwortete er deshalb: „Meier?... Meier!" Meiermeiers Lebensgeschichte ist lang und wüst, deshalb wird sie hier vorerst nicht erzählt. In seinem kleinen Laden verkauft der freundliche, alte Mann Kram, Bücher, Steine und Werkzeug. Er vermietet das auch. Eine hoffnungslose Sache, der Betrieb müßte längst bankrott sein. Wer mietet schon einen Stein? Das findet auch der Bürgermeister, denn das Geschäft befindet sich in dem ältesten Haus der Stadt, und daraus könnte man doch prima ein Museum machen, vielleicht mit Fastfood-Restaurant, vielleicht auch ohne Museum. Doch Meiermeier bleibt, nie sieht man einen Kunden, aber er sitzt in seinem Laden, im Sommer sogar davor, und ist einfach da, wie eine Jahreszeit. Manche Bürger denken, irgendwer hilft dem widerspenstigen Kerl, aber niemand weiß, wer das sein könnte. Manchmal redet Meiermeier mit jemanden, doch keiner von denen, die, nur, weil sie seine Stimme gehört haben, in den kleinen Laden gegangen sind, hat dort jemals irgendwen gesehen. Allerdings hat auch keiner von ihnen das Geschäft verlassen, ohne etwas zu kaufen.

Das Schild über seinem Laden ist übrigens auf isländisch.

Meiermeier führte die beiden Freunde durch die Hintertür in einen mit Efeu bewachsenen Hof, in dem ein rosa Volvo stand, wie es ihn nie gab: mit Türen, die nach oben klappten, einem Dach, das auf Knopfdruck verschwand, kleinen Lichtern vorne und hinten, die je nach Tages- und Jahreszeit die Farbe wechselten, und allerlei weiterem Schnickschnack, aus dem andere Leute ganze Filme gemacht haben. Bodo und Harald nickten zufrieden, Bodo tanzte auch noch ein paar

Minuten um das Auto.

Meiermeier lächelte derweil Harald spitzbübisch an. „Und wer soll euch fahren?"

Harald zuckte zusammen. Daran hatte er nicht gedacht. Aber Meiermeier. „Ich habe da was für euch", sagte er und zog einen flachen, silbernen Stein aus der Tasche. Er legte ihn Harald in die Hand. Der sah das Ding verständislos an.

Meiermeiers Lächeln verbreiterte sich. „Du sagst einfach 'Bitte'."

„Bitte?"

„Nein, anders. Freundlicher. So, als würdest du es wirklich meinen."

„Bitte."

Der Stein vibrierte, die Luft errötete, und plötzlich stand eine junge Japanerin neben ihnen.

„Das ist Miki, eine japanische Elfe", erklärte Meiermeier, der in der Welt herumgekommen war und überall interessante, nützliche oder schöne Dinge mitgenommen hatte. Miki war alles zusammen. Sie war ein zartes, japanisches Mädchen mitte zwanzig mit stoppeligen, schwarzen Haaren, fernen, braunen Augen und einem Lächeln, mit dem man Planeten bevölkern konnte. Sie trug eine schwarze Lederjacke, ein schwarzes T-Shirt und schwarze Jeans. Auf dem Kopf hatte sie schwarze Kopfhörer, aus denen es unablässig knatterte, rauschte und krachte. Sie lächelte wortlos, während sie zur Musik hin und her wackelte. Bodo stellte sich neben die Elfe, zog ihr einen Kopfhörer vom Ohr, lauschte verzückt und begann dann ebenfalls zu wackeln.

Meiermeier schüttelte abschätzig den Kopf. „Diese Musik heutzutage, ich weiß nicht. Wir haben doch früher schöne, alte Volkslieder gehört. Oder Charles Mingus. Aber dieser Lärm..." Er zuckte mit den Schultern.

Das Stück war zu Ende. Miki griff in ihre Hintertasche und schaltete ab. Harald lächelte sie an. „Walkman! Habe ich früher auch gehabt."

Miki schüttelte lachend den Kopf. „Minidisc!" Sie zog die flache Maschine heraus und zeigte sie Harald. Der bestaunte das elektronische Spielzeug, während Meiermeier Miki ihre Mission erklärte. Miki hörte konzentriert zu, beobachtete dabei aber auch Harald. Der Zivi hatte den Elektroknirps geöffnet und eine kleine, silberne Scheibe rausgezogen. Er zeigte sie Bodo: „Guck mal, keine Rillen." Miki lachte, der Junge war süß.

Schließlich war alles geklärt. Man würde sich am nächsten Morgen im Laden treffen, Miki würde die Freunde nach Berlin fahren und sie dort auch unterstützen. Anschliessend aßen alle ein Häppchen Sushi, das

Miki aus ihrem Stein geholt hatte. Lecker Thunfisch und grüner Tee. Meiermeier warf die Freunde aber bald raus. „Ihr habt morgen viel vor", erklärte er. „Also ab nach Hause."

Sie verabschiedeten sich wie alte Kumpel, lange, laut und herzlich. Miki und Harald sogar noch mehr. Harald lächelte länger als nötig, und ließ die Hand der Elfe erst nach Aufforderung los. Miki störte das aber nicht, sie lächelte ausgiebig zurück.

Als Bodo und Harald zurück nach Hause spazierten, war es überall still. Die Reden waren vorbei, die Straßen ausgestorben. Nur Bodo war froh, griente, schnitt Grimassen und machte Faxen. Schließlich wurde es Harald zuviel. „Was ist denn los", fragte er ungeduldig.

Bodo grinste. „Du magst das Mädchen. Und das Mädchen mag dich. Ihr mögt euch. Wie Kleeblätter."

Harald sah verlegen zur Seite. „Hruarmapf", knurrte er leise. Doch bevor es weiterging, erstarrte er. Auf der anderen Straßenseite hing ein neues, riesiges Plakat: Es war grün, nur in der Mitte platzte eine kanariengelbe Sonne. Und in der Sonne standen in großen, schwarzen Buchstaben vier Worte: GRÜN IST JETZT GELB.

VIER

Ein Besuch im Zirkus

Es ist viel los auf der Welt. Zum Beispiel: Die Polkappen schmelzen, das Ozonloch wächst, die Wälder sterben oder werden abgeholzt, das Essen ist vergiftet oder krebserregend oder nährstofffrei oder durch Gentechnik vermurkst oder alles zusammen, das Wasser dito, die kleinen Inseln gehen wegen Meeresspiegelanstieg unter, die Kontinente werden zu Wüsten, die Menschen haben Angst und Depressionen und verfetten, oder haben Angst und leben in Armut und Verhungern, in Israel oder im Iran oder in der Türkei oder im Kongo oder in China oder Indonesien oder Tibet oder in den USA oder sonstwo, in praktisch jedem Land, gibt es brutale Machthaber oder Oppositionelle oder Guerillas oder alles zusammen jeder gegen jeden, überall sind politische Gefangene in Haft, gibt es Folter und Hinrichtungen, und natürlich Korruption, in den reichsten Ländern der Welt steigen die Selbstmordraten, die Zahl der Sozialhilfeempfänger, der geistig Gestörten, der chronisch Kranken und der Impotenten im gleichen Maß wie das Bruttosozialprodukt, die einen haben Arbeit und tun nichts anderes als knechten, obwohl ihre Jobs oft völlig sinnlos sind, die anderen sind arbeitslos und vergehen, weil sie keine sinnvolle Tätigkeit finden, obwohl es unendlich viel zu tun gäbe, fast alle Länder der Welt sind hoffnungslos verschuldet, alles gehört den Banken, den Versicherungen und den multinationalen Konzernen, die ohne irgendeine Kontrolle einfach machen, was sie wollen, die Depots der Welt sind voll mit Atomraketen, chemischen und bakteriologischen Waffen, mit denen sich die Menschheit tausendmal ausrotten könnte, Atomkraftwerke warten rund um den Globus auf den nächsten GAU, Frauen werden vergewaltigt, Kinder auch, das ökologische Gleichgewicht bricht langsam, aber unumkehrbar, zusammen, und keiner überblickt das Desaster, niemand interessiert sich für eine Lösung, allen ist alles egal. Außerdem will der Aussenminister die Schweiz mit einer Million Sklaven überfallen.

Bodo und Harald kümmern sich um das letzte Problem. Wähle ein anderes Problem aus der Liste und löse es in der Gruppe.

Die Nacht war ruhig gewesen und der Abschied freundlich. Der Himmel war frei wie die Straße, über die die bequeme Limousine wie auf

Butter rollte. Bodo und Miki gröhlten hemmungslos zu Mikis ohrenbetäubenden japanischen Technopunk. Und Berlin kam mit jeder Minute etwas näher. Nur Harald, der sich auf dem Rücksitz zusammengerollt hatte, machte sich Sorgen. Sie hatten keine Pässe.

„Ich weiß", hatte Meiermeier ihm beim Abschied gesagt, „daß du in den letzten Jahren allerlei verpasst hast. Und ich weiß, daß du dich ziemlich wundern wirst. Aber glaube mir einfach eines: Du brauchst für die Fahrt nach Berlin keinen Pass. Vertrau mir."

Harald wollte dem erfahrenen Weltreisenden nicht widersprechen und war ohne Protest losgefahren. Doch jetzt wurde er nervös.

„Wir werden Probleme haben bei der Grenzkontrolle", brüllte er seinen Mitfahrern zu. Bodo sah sich nach ihm um, für eine Sekunde schien er besorgt, dann gröhlte er „Yaaarragagagadagaar!"

Harald verdrehte die Augen. „Miki", brüllte er nach vorne, „mach' doch mal andere Musik."

Miki drehte sich um, sie lachte von den Haaren bis hinab zum Saum ihres orangenen T-Shirts, auf dem eine japanische Minderjährige obszön an einem Eis lutschte. „Yaaarragagagadagaar!" gröhlte sie, nickte dann aber grinsend. Einen Moment später sangen zwei Mädels „Kore ga New Rock, Shibireru wa". Es war zart, niedlich und viel leiser.

„Ihr wißt nicht, was euch blüht", erklärte Harald. „Unsere Zöllner sind nicht so schwierig. Aber die von der DDR zerlegen uns einfach das Auto."

Miki, die Harald im Rückspiegel beobachtete, schmolz dahin. Der Junge war so süß, so völlig ahnungslos. Bodo wandte sich zu seinem Freund um. „Was passiert denn da? Beschießen die uns mit Strahlenkanonen?"

Harald machte ein finsteres Gesicht. „Schlimmer", erklärte er. „Noch viel schlimmer." Dann schwieg er vielsagend.

In den nächsten Stunden hörten die drei viel Musik, unterhielten sich über dieses, jenes und ihr Leben, betrachteten die Landschaft, schliefen ein paar Minuten (außer Miki), und machten auch mal eine Rast. Als sie endlich über die Berliner Stadtautobahn fuhren, vorbei an Schildern mit der Aufschrift „Tegel", „Charlottenburg" oder schlicht „Zentrum", war Harald vollkommen verwirrt. „Wir müßen die Grenzkontrolle verpasst haben", murmelte er immer wieder, bis Miki die Schnellstraße verließ, an einem Bahnhof hielt und dort ein Buch über die deutsche Geschichte kaufte. „Lies das", forderte sie den Zivi lächelnd auf. „Aber vorher sag' mir noch, wo wir hinfahren."

„Ich kenn' mich aus", erklärte Harald, in dem angesichts der japanischen Elfe ein Rest hilfloser männlicher Souveränität aufflackerte. „Wir fahren ins Rauch-Haus. Da habe ich früher auch immer gepennt."

Zwanzig Minuten später standen sie vor einem großen Backsteinbaum, in dem Beamte ihre Arbeitstage verbrachten. „Vielleicht sind sie umgezogen", vermutete Harald. „Aber hier gibt es noch mehr besetzte Häuser. Direkt an der Mauer. Da kann man überall unterkommen."

Die Mauer fanden sie auch nicht, also blätterte Harald erst mal das Buch durch. Danach hatte er eigentlich keine Lust mehr, der Chef zu sein, aber weil er Miki beeindrucken wollte, beschloß er, daß es jetzt erst mal Zeit war, den Nachbarn zu suchen. Um einen Schlafplatz konnte man sich später kümmern.

Miki fand das aber überhaupt nicht, und so zogen sie mit Mikis fröhlicher Kredikarte ins Grand Hotel, wo die Teppiche die Füße verschluckten und das Licht wie im Himmel von überallher kam. Harald fand das total übertrieben, aber Miki wies darauf hin, daß man in der Badewanne auch zu zweit baden konnte, und mit wem Harald da baden wollte, ist wohl klar.

Später fanden sie im Telefonbuch das Trendbüro „Holo Course - Wege ins Ganze". Es befand sich in einem schreienden Glasbau aus den 50ern und erschreckte mit einem Vorzimmer, in dem sich Tropenholz und Edelstahl auf üppigste übergaben. An der Wand über dem sinnlos durchlöcherten Empfangstisch stand in goldenen Lettern das Motto der Agentur:

WENN MÄNNER RÖCKE TRAGEN
IST DER NÄCHSTE TREND NICHT FRAUEN TRAGEN HOSEN
SONDERN FRAUEN TRAGEN MÄNNERRÖCKE

Darunter saß ein weiblicher Torso anfang zwanzig, von dem man nicht wußte, ob es Hosen trug oder Röcke oder was auch immer, weil es keine Beine hatte unter der aufgeregt wedelnden Frisur, der Sonnenbrille, dem kanariengelben T-Shirt und dem Bauchnabelpiercing, und weil man auch garnicht zu Wort kam, um zu fragen, denn es gab Wichtiges zu sagen.

„Guten Tag wie kann ich ihnen helfen wir freuen uns daß sie den Weg zu uns ins 21 Jahrhundert gefunden haben denn die Konzepte von Morgen gibt es schon heute wir dienen der Zukunft also ihnen kommen sie ruhig näher haben sie keine Angst vor dem Morgen denn Gestern war

Heute noch Morgen und Morgen wird es nicht anders sein wie kann ich ihnen helfen?"

Miki und Harald erstarrten, doch Bodo ging freundlich lächelnd um den Schreibtisch, beugte sich über den in Plexiglas gegossenen Computer und drückte auf der Konsole einen Knopf. Im nächsten Moment erlosch das Lächeln des Empfangsgirls wie die Sonne in einigen Milliarden Jahren, eine Sirene ertönte, ein paar Leute in weißen Kitteln liefen durch die Halle, dann machte sich auch das Mädel (Hose) vom Acker.

Die Freunde standen alleine im Eingangsbereich. Zufrieden sahen sie sich um und an, bis Harald die nächstbeste Tür öffnete. Mit einer einladenden Handbewegung erklärte er: „Betreten erlaubt."

Die Büros waren eine Enttäuschung. Alles leer! Nicht nur kein Mensch, sondern nicht mal Möbel. In einem Zimmer ein Sofa und ein Fernseher, sonst garnichts. Irgendwo lagen Jacken und Mäntel auf dem Boden, das war vermutlich die Garderobe, vielleicht hatten die Angestellten aber auch darauf gefickt. Pfui, ich meine natürlich gevögelt. Auf der letzten Tür hatte es mehrere Aufkleber, die Harald und Bodo kannten: „Für Unbefugte Betreten verboten", „Hochspannung", „Vorsicht Lebensgefahr", „Heute geschlossen". Außerdem auch „Wer das liest, ist zu nahe". Witzig.

Bodo lachte. „Da wohnt jemand."

Harald grinste zurück. „Genau! Mein Bruder." Er öffnete die Tür. In dem Raum stand nichts außer einem weißen Schrank, an dem ein großes rundes Schild hing: Rot mit weißem Balken = Einbahnstraße. Drinnen lag einsam und allein ein kleiner grauer Kasten, auf dem ein X klebte. Aber der Kasten war leer.

Dann kam die Feuerwehr, also verschwanden die Drei durch den Notausgang, der in einen Hof führte, den man nur verlassen konnte, wenn man durch die Wohnung des Hausmeisters ging. Dort war es auch nicht schön.

Zurück im Hotel setzten sich die Freunde ins Foyer und überlegten, daß sie jetzt die Stadt angucken könnten. Das Terrain des Gegners erkunden, sozusagen. Nur wohin? Harald wollte den Portier fragen, doch bei dem stand bereits eine berühmte Schriftstellerin.

„Und dann haben die mich hierhergeschickt, um was über die Loveparade zu machen", erzählte die schöne Frau mit wehenden Haaren. „Und ich sage, boah, super Idee, das hat ja noch nie wer gemacht, da haben wir echt mal ein super Thema. Naja, aber ich bin dann doch gefahren, weil ich schon drei Tage nichts mehr geschrieben hatte, und ich deshalb einfach das Geld brauchte, denn alles wird immer teurer, vor allem Kosmetikprodukte, besonders die von Sisley. Und da hab ich im Zug diesen Typen getroffen, ganz süß, lange Haare, und so, interessant auch. Der war gerade auf dem Weg nach Rumänien, weil er dort eine Rockband fotografieren wollte, wo alle Musiker einen Schaden haben vom Krieg, und die leben jetzt in einer verlassenen Raffinerie in einem alten Tank, und wenn ihnen jemand zu nahe kommt, schiessen sie. Er hat gesagt, da geht er hin, weil, das findet er gut, weil das gibt ihm tierisch Adrenalin. Wir haben uns auch sonst toll verstanden, gut unterhalten und so, und er wollte mich mal anrufen, aber das ist jetzt schon Stunden her, also dachte ich, sie könnten vielleicht mal nachsehen, ob was mit der Batterie vom Handy ist." Der Portier lächelte die berühmte Schriftstellerin an, als hätte er unter ihr den Teppich seines Lebens gefunden. Dann winkte er aus dem Hintergrund einen Liftboy hervor, der aussah als käme er direkt aus einem Pool. Einem Genpool. Versace. Die Dame schmolz einmal quer über ihre Erscheinung, ließ sich von dem Jungen am Arm nehmen, und flüsterte beim Weggehen: „Und wie heißt du? Vielleicht Giovanni?"

Endlich wandte sich der Portier dem Zivi zu. „Und was kann ich für sie tun?"

Harald sah den schmalen, älteren Herren freundlich an. „Sagen sie, ist hier in der Stadt irgendwo was los? Kann man hier was unternehmen? Oder gibt es vielleicht eine nette Kneipe?"

Harald macht einen Scherz, klar. Der vergessene Zivi war früher oft in Berlin, er kennt sich also aus. Doch in jedem Witz liegt ein ernster Kern. So auch hier: Früher hatte der Westteil der „Hauptstadt der DDR" (Harald) eine einmalige Sehenswürdigkeit, auf die jeder automatisch stieß, der lange genug in dieselbe Richtung lief. Inzwischen ist die Mauer aber leider abgebaut, und so antworten Touristen auf die Frage nach Berlins Höhepunkte „Eifelturm" oder „Hitler", manche prusten nach kurzem Zögern auch „Triumpfbogen" hervor. Schade, alles falsch. Die richtige Antwort ist: „Nix". Aber eben deshalb haben sich der Berliner Bürgermeister und seine DJ's ein neues Ereignis ausgedacht. Nämlich:

„Die Love Parade." Der Portier lächelte gewinnbringend.

Harald sah ihn verständnislos an. Der Portier zählte leise „21, 22, 23", dann fügte er hinzu: „Sie wissen schon, die Straßenparade. Die größte Technoparty der Welt. Wir erwarten diesmal mehl als eine Million Gäste. Ich dachte eigentlich, sie seien deswegen hier."

Harald schüttelte traurig den Kopf.

„Nun, das ist ja nicht so schlimm", beruhigte ihn der Portier, der keine weinenden Männer in seinem Haus haben wollte." Die Love Parade findet morgen statt, ein grosser Umzug mit viel Musik und jungen fröhlichen Menschen. Heute abend gibt es zur Einstimmung schon überall Partys. Laufen sie doch einfach ein bißchen herum, sie werden sehen."

Harald bedankte sich und ging zurück zu Bodo und Miki. Die beiden waren inzwischen von ihren monströs bequemen Postersesseln fast eingesaugt worden. Bis Oberkante Unterlippe. Er grinste sie siegesgewiß an: „Ich weiß, wo morgen der Aussenminister zuschlägt."

Die drei verließen das Hotel, als sich die Sonne schon müde und abgelöscht vom Firmament gerollt hatte. Die Stadt war aber immer noch hell und wach. Überhitzte Autos krochen matt über wachswarmen Asphalt, überhitzte Menschen parodierten in Schwaden an prallvollen Schaufenstern entlang. Alle waren aufgetaktet wie abgeschriebene Fregatten vor der letzten Schlacht, allen war ungeheuer fröhlich, denn dies war der Abend vor der größten Party des Jahres, und alles war umsonst, außer natürlich das Bier, das Essen, die Andenken, andere Getränke, und die Toiletten. Aber was soll's! „Oh, what a night", „Let's Dance", „Voulez-vous coucher avec moi, ce soir". Das Licht war die Musik war der Weg. Von überallher dröhnte der Klang ferner Donner. Dürre Trommeln und fette Bässe rollten unter den Füßen und in die Haare. Sie zogen den Menschen den Boden fort, sie verdrehten ihnen die Köpfe, sie hämmerten in den Unterleib. Mit Hüftschwung und Körpereinsatz versuchte jeder, das Gleichgewicht innen und aussen zu halten, doch niemand schaffte es so elegant, wie das Paar, das auf einer Kreuzung in Abendgarderobe ausgerechnet Tango tanzte und damit den Verkehr endgültig zum Erliegen brachte. Normalerweise erschiessen Berliner Autofahrer jeden, der ihr Recht auf freie Fahrt behindert, doch heute war Feiertag, also drückten die stämmigen Männer mit den Sauriergehirnen beide Augen zu und gaben den Süßen nur ein paar auf die Nüsse. Die staubigen Bäume, die geduldig die Strassen bewachten, sahen darüber hinweg. Unsere Freunde auch. Sie waren überwältigt.

„Das sind aber viele Leute", wiederholte Bodo immer wieder, während sie eine breite Allee hinabspazierten.

Miki war weniger beeindruckt. „In Tokyo ist es immer so", erklärte sie. „Außer natürlich zur Hauptverkehrszeit, wo es richtig voll ist."

„Aber gibt es da auch überall Musik?"

Miki schüttelte den Kopf. „Aber Sushi! Und ich finde...". Doch bevor die Elfe noch etwas finden oder gar vortragen konnte, hörte Bodo ihr bereits nicht mehr zu. „Guckt mal da", rief er aufgeregt. Er zeigte auf einen Pulk, in dem er im nächsten Moment verschwunden war.

Miki hielt die Luft an. „Der ist aber schnell", erklärte sie mit frisch erblühtem Respekt. Harald nickte knapp, dann drängelten sich der Zivi und die Elfe ebenfalls in die Masse.

Harald litt unter den vielen Leuten. Lange hatte er für sich gelebt, in einem ruhigen Haus an einer ruhigen Straße in einer ruhigen Kleinstadt. Und nun das, all diese Menschen, mehr, als er in den letzten Jahren insgesamt getroffen hatte, gedrängt wie Frachtgut auf einer handvoll Quadratmeter. Ein Alptraum. Er quetschte sich zaghaft zwischen Körpern hindurch, die nicht einen Klafter zur Seite rückten, murmelte freundlich „Entschuldigung", erntete böse Blicke und gewöhnte es sich wieder ab. Es war eine heiße Nacht, die Leute schwitzten, sie waren in Partystimmung, aber nun bloß nicht gut gelaunt. Für einen Moment überfiel den Zivi eine Vision: Er sah, wie sie alle, die sie hier zusammengepresst standen, zu einem schweißüberzogenen Block bunter Partygäste verschmolzen, wie eine Palette Schokoweihnachtsmänner in der Sonne. Ein Technomonster mit 270 Köpfen. Das Denkmal des unbekannten Massenmenschen in der unbekannten Menschenmasse. Und Harald mittendrin, wie alle entbehrlich, aber trotzdem dabei, bis zum Ende aller Zeiten. Eine dickliche Gänsehaut zog seinen Rücken hinab, bis zu den Oberschenkeln. Schnell schob er den Gedanken fort, ebenso wie das Mädchen, das gerade noch halb so alt und halb so groß vor ihm gestanden hatte, und erreichte endlich den Kern des Auflaufs. Dort saß ein Marionettenspieler mit einem angepissten Stück Holz, das wohl John Travolta in „Saturday Night Fever" darstellen sollte. Eventuell. Die klumpige Figur bewegte sich unrhythmisch zu einem stampfen Stumpfen. Es war plitzplatzplotzdoof. Doch Bodo, der weiter links stand, lachte sich schlapp.

Harald dagegen langweilte sich augenblicklich. Müde schaute er sich um. Das also war die größte Party des Jahres: Mädchen und Jungs, die aussahen wie die Diener des neuen Nachbarn, ein paar ältere Kaliber, die sich als Jugendliche verkleidet hatten, einige Sonderexemplare, die vermutlich immer dabei waren - das Schlachterehepaar aus Dahlem („Wir wollten uns das nur mal ansehen"), der kulturinteressierte Mitdreißiger aus Marburg („Als Phänomen ist die Veranstaltung sehr interessant"), der zweiundzwanzigjährige Kreditsachbearbeiter aus Ulm („Wo sind hier die Mädels mit den Titten?") - und sie alle standen um einen miesen Puppenspieler, von dem sie sich zuhause nicht einmal die Mülltonne putzen lassen würden. Harald hatte den Verdacht, daß er in den letzten Jahren nicht viel verpasst hatte.

Dann sah er Rudi. Rudi? „Rudi!"

Ein Mitdreißiger in einer für den Sommerabend viel zu dicken Lederjacke und Jeans, der ein paar Meter weiter rechts stand, schaute sich zögernd um. Er blinkerte unentschlossen, dann entfaltete sich hinter seinen Augen eine Erinnerung. „Harald?" murmelte er behutsam.

Harald lachte laut. „Rudi! Mensch, das ist ja super. Wir haben uns schon ewig nicht mehr gesehen."

Rudi war nicht so ausgelassen. Eine nachdenkliche Welle erschien auf seinen dunklen, geschorenen Haaren, zog über das blasse Gesicht und verschwand in den Knittern seines dezent gestreiften Hemds. „Äh, hallo Harald", murmelte er, als fürchte er, gehört zu werden. Er kam näher, hielt dem Zivi zögernd die Hand hin, und flüsterte, als der sie ergriff: „Ich heiße nicht Rudi. Ich heiße Spike."

„Spike? Aber du bist doch Rudi, oder?"

Rudi schüttelte den Kopf. „Früher war ich Rudi. Jetzt heiße ich Spike."

Harald überlegte einen Moment, das kam ihm seltsam vor. Aber die Wiedersehensfreude gewann schnell die Oberhand. „Mensch, was machst du hier, alter Junge? Wie ist es dir ergangen?"

Spike lächelte gequält, doch er schien sich etwas zu entspannen, sogar zu freuen. Ein wenig. „Naja, weiß du, dies und das. Ich bin jetzt Künstler. Es läuft auch ganz gut. Ich kann nicht klagen. Und du?"

„Ich? Öh... Ich habe nicht viel gemacht in den letzten Jahren. Ich bin Zivi, weißt du."

„Immer noch? Das muß doch jetzt mindestens fünfzehn Jahren her sein, seit du das angefangen hast."

Harald zuckte mit den Schultern. „Naja, der Job liegt mir. Und äh... Aber was treibst du denn so? Du bist Künstler? Das klingt doch interessant."

Bodo, der die beiden beobachtet hatte, kam herüber und stellte sich zu ihnen. Spike sah den Blödmann und wurde leicht nervös. „Na, was willst du denn, Kleiner", frage er bemüht fröhlich. „Suchst du deine Mami? Wir können dir da aber nicht helfen."

Bodo zögerte einen Moment. Er wußte nicht, ob er einen Freund von Harald einfach verprügeln durfte. Doch der Zivi kam ihm zuvor. „Das ist Bodo. Er ist ein Superheld", erklärte er diplomatisch. „Ich bin sein Zivi." Er wandte sich zu Bodo. „Und das ist Spike."

Spike nickte erleichtert. „Ich verstehe."

Bodo nickte ebenfalls und hielt Spike die Pranke hin. „Hallo Schbeig!"

Spike gab widerwillig Pfötchen, während er versuchte, Bodo die Feinheiten seines Namens beizubringen. Vergeblich natürlich. Einen Moment später tauchte auch Miki auf, und bald schnatterten alle durcheinander, bis sogar der Marionettenspieler um Ruhe bat. Aber Spike mußte sowieso los. Er hatte einen Auftritt, und lud die Freunde ein, mitzukommen. In Wirklichkeit wollte er nur Miki begrabbeln, doch alle wußten das, und so war das kein Problem, außer für ihn, denn er wußte nicht, daß es alle anderen wußten.

Einige Zeit liefen sie durch die Menge, die um sie wogte wie ein Meer um eine Tonne, bis sie schließlich einen großen Platz erreichten. Dort gab es eine kleine Bühne mit DJ-Pult sowie unzählige Würstchen-, Bier- und Toilettenwagen, die die Menschen im traditionellen Rhythmus aufsuchten: Biertrinken, Würstchenessen, Biertrinken, Biertrinken, Würstchenessen, Biertrinken, Biertrinken, Biertrinken, Kotzen, und dann von vorne. Inmitten des Getümels stand ein Zirkuszelt, dessen Seiteneingang Spike ansteuerte. Er hob eine kleine Plastikkarte und der Ordner winkte ihn durch, aber die Freunde sollten draußen bleiben. Halbherzig versuchte Spike, den Ordner umzustimmen, doch bevor er wie geplant scheitern und sie an die Kasse verweisen konnte, kam eine kleine Frau dazu. Sie stellte sich kopfschüttelnd vor den großen Mann, hob streng den Finger und winkte das Trio durch. Der Ordner sah beschämt hinterher, und Spike, der eigentlich beschlossen hatte, sich mit der Vergangenheit, also Harald, lieber nicht zu beschäftigen, seufzte leise. „Darf ich vorstellen", erklärte er unglaubwürdig höflich, „das ist Sophia, meine Kollegin."

Sophia sah nett aus, mit einem Igel auf dem Kopf und einem runden Gesicht darunter, gerade mal eineinhalb Meter hoch, und für diese Größe einige ansehliche Kilos zu schwer. Die Freunde, die alle nicht ganz fehlerlos waren, schlossen sie im ersten Moment ins Herz, und Bodo dann auch in die Arme. Sie führte das Trio durch das Gewimmel hinter der Bühne, zwischen nervöse Menschen und nervöse Kabel. Von irgendwo kam ein dunkles Wummern. Anscheinend hatte der DJ auf dem Platz sein Set begonnen.

Sophia drehte sich zu den Gästen um. „Hört ihr die Trommeln? Das ist Voodoo. Das gehört zur Show. Wir vertreiben die Geister von diesem Ort, so wie wir die Geister aus uns vertrieben haben."

Die drei Freunde sahen sich fragend an, dann zuckten sie gleichzeitig mit den Schultern. „Harald ist ein ganz alter Freund von mir", erklärte Spike seiner Kollegin. „Ich habe ihn gerade draußen getroffen. Er weiß nicht, was wir machen."

Sophia blieb stehen. „Ihr kennt das Programm nicht? Na, das kann man ändern." Sie führte sie zu einem schwarzen Vorhang, der die Bühne vom Zuschauerraum trennte. Dort war erst die Hälfte der Stühle besetzt, vom Eingang tröpfelten nur wenige Besucher. „Wir sind sowieso nicht ausverkauft", stellte die kleine Frau fest. „Setzt euch einfach irgendwo hin und seht euch erst mal das Programm an. Heute gibt es zwar nur einen Ausschnitt, nur eine Stunde, speziell für die Partynacht, aber besser als wie nix, was?" Sie lachte. „Und hinterher können wir uns noch etwas unterhalten, hm?"

Bodo, Harald und Miki nickten. Sie stiegen hinab zu den Stühlen, setzten sich in die erste Reihe und warteten, während die beiden Künstler in die Garderobe verschwanden.

Schweigend starrten die Freunde auf den nachtblauen Bühnenvorhang. Nach der Hektik draußen war dieser Ort trotz des anschwellenden Voodoo-Gewummer eine Oase der Ruhe. Denn ohne daß sie es gemerkt hätten, hatten die Leute und der sie Lärm erschöpft. Bodo zählte erstmal seine dicken Finger, um zu sehen, ob sie noch alle da waren. Harald sammelte unterdessen einen Flyer vom Boden, warf einen matten Blick drauf und gab ihn dann Miki. Auf dem Zettel war ein Bild vom Zelt, darunter stand in großen Lettern: „DER ZIRKUS DER ANGST - KEINER KOMMT HIER LEBEND RAUS". Am linken Seitenrand war außerdem ganz klein zu lesen: „Dr. Knorke sagt: Alles wird gut - du mußt nur dafür arbeiten."

Miki und Harald blickten sich ratlos an. Bodo, der inzwischen sicher war, daß alle Finger die lange Reise geschafft hatten, sah neugierig zu ihnen hinüber. Doch bevor er eine Frage stellen konnte, brach die Musik ab. Lautlos öffnete sich der Vorhang.

Die Bühne war schwarz. Es war totenstill. Selbst der Lärm von draußen schien zu verebben. Auf der Bühne schälte sich aus der Dunkelheit ein schwarzes Bett, auf dem eine von Kopf bis Fuß schwarz verhüllte Person lag. Sie stöhnte. Unter dem Bett stöhnte es auch. Die Person, es war eine Frau, sprang auf, sie stand auf dem Bett, für einen Moment schien es, als würde sie davonlaufen, doch dann verharrte sie reglos. Unter dem Bett ertönte erneut ein Stöhnen, lauter als zuvor, dann erschien am Rand der Bühne in einem einzigen, grellen Scheinwerfer eine weitere Figur. Zuerst schien es, als sei das Wesen, von dem man nicht sagen konnte, ob es Mann oder Frau war, am ganzen Körper von einer matt glänzenden Haut überzogen. Doch dann sah man, daß es über und über mit lebenden Insekten bedeckt war. Die schwarzgekleidete Frau wich schwankend auf der Matratze zurück, doch bevor sie davonlaufen konnte, griffen Hände nach ihr. Sie kamen aus dem Boden, wie Schatten, die Hände der Schatten, die jetzt aus dem Boden heraufwuchsen, die die panische Frau an Armen und Beinen packten und sie vom Bett zerrten. Sie zogen ihr eine Zwangsjacke über den Kopf und banden sie fest, legten eine Kette um die Beine, verschnürten mit Tauen ihren Oberkörper, zogen eine weitere Kette um die Beine, und rollten schließlich einen Sack über den Kopf, den sie bis zu den Füßen herabzogen. Dies dauerte einige Minuten, in der die Figur unter den wimmelnden Insekten bewegungslos zusah. Schließlich schien die sich windende Frau bewegungsunfähig. Eine leise pfeifende Musik setzte ein, ein Zischen, in dessen Rhythmus der Insektenmensch zu der Frau hinüber glitt. Er ging ganz langsam am Rand der Bühne entlang, so daß jeder sah, wie braune Küchenschaben, fleischfarbene Maden und fettig glänzende schwarze Käfer über seinen Körper hinauf- und hinabwimmelten. Die Musik steigerte sich zu einem schrillen Kreischen, als er die Frau erreichte. Das Wesen hob einen Finger, auf dessen Spitze eine Schabe groß wie eine Taschenlampe saß. Die Musik erstarb. Langsam näherte sich der Finger dem bewegungslosen Sack. Dann ging alles sehr schnell. Ein Zischen, der Sack öffnete sich in einem einzigen langen Schnitt, einen Moment später stand die eben noch schwarz gekleidete Frau in einem weißen Hosenanzug auf der Bühne. In der rechten Hand hielt sie eine gold glänzende Sichel, die sie hochriss, um mit einem einzigen, weiten Schlag den Kopf vom Hals des Wesens zu schlagen. Doch sie traf nur die Luft. Die Figur löste auf, sie verwirbelte in einer formlosen Wolke, die sich still raschelnd verteilte. Das Licht ging an: Die

Bühne war übersät mit Schmetterlingen. Eine Fanfare erklang, die Darsteller verbeugten sich, das Publikum applaudierte. Der Zirkus der Angst hatte begonnen.

In der nächsten Stunde sagten Miki, Harald und Bodo kein Wort: die Show, die vor ihnen abrollte, machte sie sprachlos. Da gab es Akrobaten, die sich zu einer schwindelerregenden Pyramide aufstellten. Sie reichte bis an die Kuppel des Zeltes und brach dort unter dem Kreischen der Zuschauer zusammen, doch die Artisten formierten sich im Flug neu, der Fall war der gewollte Sturz einer menschlichen Leiter, so daß nach wenigen Sekunden statt eines Haufens gebrochener Körper ein Stern aus Leibern den tobenden Applaus entgegennahm. Ein Messerwerfer zielte auf seine Assistentin mit allem, was ein Haushalt hergibt, von Küchengeräten über Kreissägenblättern bis zu rotierenden Bohrmaschinen, und wie bestellt warf er daneben. Doch für den finalen Trick mußte das Objekt der Begierde gehen, denn nun stand er selbst vor der Scheibe, von wo und auf die er rasiererscharfe Bumerangs schleuderte. Ein Clown tappste durch ein Büro mit meterhohen Aktenregalen, wurde von den Papieren beinahe erschlagen und revanchierte sich umgehend: In wenigen Minuten verarbeitete er einen Stapel feiner Steuerunterlagen zu einer Staffel Papierflieger, die ihre Bahnen zwischen den amüsierten Zuschauern zogen.

Spike war der Moderator und eher schlaff. Er mimte einen Vagabunden, dessen Ansagen gleichzeitig komisch und tragisch sein sollten, doch er wirkte eher wie ein Millionär, der sich zum Geburtstag als Landstreicher verkleidet hatte, was jeder sah, aber niemand sagte, weil alle ihn beerben wollten. Was in diesem Fall aber leider auch nicht stimmte.

Zum Schluß trat Sophia auf. Spike stand auf der Bühne und brüllte: „Es gibt Leute, die sagen sie haben einen festen Standpunkt. Doch niemand meint das so ernst wie unsere Sophia." Die kleine Frau stand in einem ärmellosen und beinfreien schwarzen Trikot ganz links auf der Bühne und hielt ein Tau in den Händen. Neben ihr wartete ein Mann im Smoking und mit Zylinder. Auf der anderen Seite sammelten sich die Artisten. Gemeinsam packten sie das Tau, dann begann der Kerl mit dem Zylinder auf Sophia einzureden. „Du kannst das nicht schaffen, es sind zuviele, es ist völlig unmöglich, sie sind stärker als du, wozu ist es auch gut, du wirst es niemals durchhalten...", und so weiter. Gleichzeitig begannen die anderen zu ziehen,doch Sophia hielt das Tau wie es schien mühelos. Nach kurzer Zeit gaben die Artisten auf, Zuschauer wurden zur Verstärkung auf die Bühne geholt, auch Bodo ging hinauf. Es war schon fast eine Menschenmasse, die jetzt antrat, während der Mann wieder zu sprechen anfing. „Das war nur Glück, noch mal wird das nicht gut gehen, das ist gegen jede Wahrscheinlichkeit, denk doch an deine Gesundheit, es bringt sowieso nichts...", und so weiter, in einem fort. Wieder zogen alle gemeinsam, doch Sophia, die inzwischen etwas in Schwitzen gekommen war, widerstand ihnen. Sie gaben auf, für einen Moment schien die Vorstellung vorbei zu sein. Dann klappte der hintere Teil des Zeltes weg und ein kleiner, widerlicher, tarngrüner Panzer rollte auf die Bühne. Das Tau wurde an einer Anhängerkupplung fest gemacht, alle im Zelt hielten den Atem an, selbst der Mann mit dem Zylinder verstummte. Der Motor des Panzers startete, die Maschine ruckte und rasselte, der Stahl bebte. Sophia hielt das Tau, ihr Körper zitterte, Schweiß lief an ihr herab, Adern traten hervor. Einige Sekunden tobte der Kampf, dann erstarb der Motor. Sophia war stehengeblieben.

Etwa eine Stunde später saßen Harald, Bodo und Miki mit Spike, Sophia und einigen anderen Artisten in einer Kellerkneipe abseits der Alleen. Die Wände waren hell und kahl, statt Stühle gab es massive Holzbänke, die Tische waren aus Bohlen gezimmert. Es war still, es lief nicht einmal Musik. Also konnten sich alle unterhalten, ohne zu brüllen. Wie schön.

Die Bestellungen waren erledigt, die Getränke standen vor ihnen, aus der Küche kam der scheppernde Klang von Essen im Werden, als Sophia den Freunden den Zirkus der Angst erklärte. „Die Idee ist ganz einfach", setzte sie an. „Wir alle leiden, haben gelitten und werden leiden. Das ist normal, jeder weiß es. Doch Leid kann man überwinden. Dazu braucht es nur eines: Mut. Du darfst keine Angst haben. Das ist keine Theorie, sondern eine Erfahrung, die jeder von uns gemacht hat. Ganz persönlich. Wir haben die Hölle erlebt, mit Eltern, mit Freunden, mit Sex oder Drogen. Jeder hat seine eigenen schrecklichen Erlebnisse gehabt, aber wir haben noch etwas gemeinsam: Wir alle haben unsere Ängste überwunden. Wir sind durch dunkle Täler gegangen, wir haben in Angst und im Leid gelebt, doch wir kennen auch das Leben danach, im Licht, in der Freiheit. Und genau diese Erfahrung wollen wir weitergeben. In der Show durchleben wir wieder die alten Ängste, aber wir überwinden sie auch noch einmal. Und die Zuschauer tun das mit uns."

„Das ist nichts neues", erklärte Angela, die Entfesselungskünstlerin. „In jeder Zirkusvorstellung gibt es Angst und Leid. Wenn einer am Trapez einen Salto macht, schwindelt es allen, doch wenn ihm der Trick gelingt, gelingt es auch allen, den Schwindel zu überwinden. Wenn das Mädchen auf der Zielscheibe den fliegenden Messern entgegensieht, wenn der Dompteur den Kopf in das Maul des Löwen legt oder unter den Fuß des Elefanten, haben wir alle Angst. Doch im nächsten Moment stehen die Drohung und der Bedrohte gemeinsam im Scheinwerferlicht und geniessen den brausenden Applaus. Und wir tun das auch, denn unsere Angst ist überflüssig gewesen. Und dann der Clown. Er ist der ewige Verlierer, ein Bild des Leidens. Doch er steht auf, wenn es ihn umhaut, er bringt uns zum Lachen, wenn er weint, er macht weiter, auch wenn das Schicksal und die Größe der Aufgabe übermächtig erscheinen. Er tut es für uns alle. So ist es im Zirkus schon immer gewesen, und genau das machen wir auch. Nur etwas drastischer, denn wir leben in drastischen Zeiten."

„Aber es ist auch spannend", warf Bodo ein. Alle lachten.

„Und wer hatte die Idee?", fragte Harald. „Habt ihr euch zufällig gefunden. Oder habt ihr früher schon mal zusammengearbeitet?"

Sophia lächelte. „Nein, wir haben alle auf dieselbe Anzeige geantwortet. Die Idee ist von Doktor Knorke. Zum Wohl der Menschen, ihr wißt schon. Der Weg zur geistigen Gesundheit."

„Aber die Toten bleiben tot. Und wenn wir sie beweinen, beweinen wir uns, denn wir teilen mit ihnen unser Schicksal, und wir wissen, daß wir keine Wahl haben."

Alle verstummten. Harald, Bodo und Miki sahen sich erstaunt um. Hinter ihnen stand ein unauffälliger, blasser Mann um die vierzig. Er trug einen grauen Anzug und ein weißes, am Kragen offenes Hemd. Er lächelte verhalten.

„Es tut mir leid, wenn ich jemandem die Laune verdorben habe." Seine Stimme war weich und matt, aber unnachgiebig, wie ein Schwamm, der eine fehlerhafte Formel von einer Schultafel wischt. „Ich glaube nur, daß ihr alle etwas zu optimistisch seid. Der Weg zur geistigen Gesundheit wird sicher nicht durch ein Zirkuszelt führen."

Sophia versuchte zu lächeln, gab es aber schnell auf. „Das ist unser neues Mitglied", erklärte sie den drei Gästen. „Er nennt sich „Der Erwachsene". Einen richtigen Namen", sie sah zu dem bewegungslosen Mann hinauf, „hat er wohl nicht."

„Sophia, du solltest nicht persönlich beleidigt sein. Es geht nicht um dich. Ich habe kein Interesse daran, dir zu nahe zu kommen." Er sah sie still an. „Ich habe hier einen Job zu erfüllen, so wie wir alle. Laß uns kurz besprechen, wie der Auftritt morgen ablaufen wird. Dann bin ich wieder weg. Okay?"

Sophia zuckte mit den Schultern und nickte.„In Ordnung." Sie erhob sich, schob sich an den anderen vorbei, und zeigte, als sie neben dem Mann stand, auf einen imaginären Punkt im Nebenraum. „Wir setzen uns da drüben hin." Dann wandte sie sich noch mal um. „Ich bin gleich zurück."

Am Tisch war es still. Selbst Bodo, den sonst nichts beeindruckte, schien beunruhigt. Harald brach schließlich das Schweigen. „Habt ihr den auch über eine Kleinanzeige gefunden?"

Angela schüttelte den Kopf. „Doktor Knorke hat ihn zu uns geschickt. Erst vor zwei Wochen. Er soll uns unterstützen, obwohl wir alle nicht wissen, wie. Aber vor allem soll er Morgen mit uns auftreten."

„Morgen?" Harald sah sie fragend an. „Ich dachte, ihr hattet heute eure letzte Vorstellung?"

„Naja, sozusagen. Wir zeigen morgen noch ein paar Nummern auf der Parade. Wir sind auf dem Wagen des Gesundheitsministeriums, klar. Im Regierungsblock. Erst kommt der Kanzler, dann das Aussenministerium, dann wir. Danach kommen die Wagen der Industrie. Ihr wißt schon, Microsoft, Sony, Mercedes, Universal und so weiter. Seid ihr morgen auch dabei?"

Harald starrte sie an, er wußte nicht ob er lachen sollte oder was. Dann besann er sich. „Können wir nicht auf eurem Wagen mitfahren?", fragte er betont ruhig. „Da hätten wir bestimmt Spaß. Stimmts Bodo?" Er sah sich um. Bodo nickte eifrig. „Du auch, Miki?" Er drehte sich zur anderen Seite, doch er bekam keine Antwort: Die Elfe war nicht mehr da.

Doktor Knorke ist der beste und beliebteste Wissenschaftler der Welt. Er hat in vielen Fachgebieten wichtige Entdeckungen gemacht. Die moderne Raumfahrt, aber auch unsere Küche, würden ohne ihn anders aussehen. Die bekannteste Erfindung des in Goslar geborenen Arbeitersohn kennt jeder: Es sind die neuen Grundfarben Pluenk und Saphron, die in der Natur nicht vorkommen, die aber heute aus Mode und Design nicht mehr wegzudenken sind. Doch seit einiger Zeit kann Johannes Kaul, so der bürgerliche Name des alterslosen

Menschenfreunds, nicht mehr viel forschen: Er ist jetzt nämlich Gesundheitsminister. Ein wichtiger Punkt unter seinen vielen Zielen: Seine Vorgänger hatten sich nur um das körperliche Wohlergehen der Bevölkerung gekümmert. Er dagegen möchte auch für die geistige Gesundheit sorgen. Der Zirkus der Angst ist ein Teil seines Programms.

Miki blieb unauffindbar. So waren Harald und Bodo, als sie kurz darauf die Artisten verließen, vage irritiert (Bodo) bzw. schwer besorgt (Harald) und ziemlich still. Wenigstens durften die beiden am nächsten Tag auf dem Wagen des Gesundheitsministers mitfahren. Doch die Pläne des Aussenministers waren ihnen im Augenblick nichts, das Verschwinden ihrer neuen Freundin alles.

Schweigend gingen sie zum Hotel. Um sie herum tobte das Leben, die Straßen waren voll, die Menschen auch, doch den Freunden war es egal. Endlich sagte Harald: „Ich gehe sie suchen."

Bodo hätte gerne geantwortet, daß er nichts anderes von ihm erwartet hatte und daß er ein echter Held sei. Dann hätte er ihm auf die Schulter geklopft. Doch dazu war er aufgrund eines gundlegenden Chromosomen-Fehlers nicht in der Lage. Also antwortete er: „Ich geh' ins Hotel und guck MTV. Wenn Miki das auch will, treffe ich sie da vielleicht."

Harald nickte. Dann sagte ihm Bodo noch, daß er nichts anderes von ihm erwartet hätte und daß er ein echter Held sei. Auf die Schulter klopften sie sich aber nicht. Stattdessen umarmten sie sich und gaben sich zwei Küsse auf die schlecht rasierten Wangen.

FÜNF

Erste Ergebnisse

Wie schön die Welt ist und was die Tiere tun. Aber auch die Menschen sind interessant. Sogar interessanter oft. Denn Tiere sind beschränkt. Sie können fliegen, schwimmen, laufen oder herumschleimen. Aber immer nur eines pro Gattung. Der Mensch kann alles. Er ist universell. Tiere nicht. Und das ist gut so. Stell dir vor, es gäbe nur ein Universaltier. Wie furchtbar! Alle Tiere würden gleich aussehen: die im Zoo, der Liebling der Nachbarin, die in den Bäumen, sogar die im Urlaub beim Tauchen. Das wäre kein Spaß. Wir können also festhalten: Es ist gut, daß Tiere ganz verschieden sind.

Aber Tiere sind auch in anderer Hinsicht sehr beschränkt: Geographisch nämlich. Man kann zum Beispiel einen Eisbären nicht in den Dschungel setzen. Da platzt er nämlich. Denn so ist das im Tierreich: Wenn man einen Fisch in die Luft wirft, platzt er. Ein Vogel im Wasser auch. Alle Tiere, die von dort, wo sie hingehören, weggeholt werden, platzen. Vor allem die, die mit Helium gefüllt sind. Aber auch die anderen. Das dauert dann nur länger. Das ist ein Naturgesetz.

Der Mensch ist in dieser Hinsicht auch nicht viel anders. Mal verreisen, in die Karibik oder nach Island geht schon. Aber für länger wohin, wo es nicht ist, wie sonst immer! Paff, schon hängt er in Fetzen an der Decke, der Mensch. Bei Harald ist das auch nur eine Frage der Zeit. Bei Bodo nicht. Bodo ist universell, auch geographisch. Harald eher im Gegenteil. Andererseits hat er Marihuana. Das hilft bekanntlich gegen vieles. Also besteht vielleicht doch Hoffnung. Uff, das ist ja gerade noch mal gut gegangen. Darauf ein Gläschen Rotbäckchen. Prost!

Harald schaute die Straße hinab und wußte nicht weiter. Bodo war ins Hotel abgezockelt, und nun stand der Zivi mitten in Ostberlin, wo die Mauer von einer Party ersetzt worden war und dachte: „Prima!" Sowie: „Wieso?" Immer abwechselnd, bis ihm erst schwindlig wurde und dann schlecht. Erschöpft setzte er sich auf einen Poller. Da spürte er nun mal ein seltsames Ziehen. In der Seite. Stand er etwa kurz davor, zu platzen? Harald brach der Schweiß aus. Schnell holte er seinen Beutel mit der bereits angesetzten Tabak-Gras-Mischung raus und drehte sich eine Rolle. Wenn ihn jetzt bloß kein Polizist sah! Aber hatte er in dieser Situation eine Wahl? Wohl kaum! Eilig schob er sich die Fluppe ins Maul und suchte nach Feuer, aber erfolglos. Mist! Ratlos starrte Harald vor sich hin, als plötzlich wie aus dem Nichts ein Uniformierter auftauchte.

„Brauchen sie Feuer?"

Harald nickte irritiert. Er wußte er nicht, was er sagen sollte. Der Beamte zückte ein Feuerzeug, Harald hielt die Zigarette in die Flamme, er saugte, uff, Mama, danke. Auch der Polizist sog den Rauch ein. „Hm, lecker", murmelte er. Harald, immer noch jenseits von Gut und Böse, bot ihm die Rolle an. Der Beamte schüttelte den Kopf. „Nicht im Dienst. Aber hier", er reichte ihm das Feuerzeug, „nehmen sie das. Sie können es behalten, ein Geschenk der Welthauptstadt Berlin."

Harald sah sich das Präsent an: Auf weisem Plastik klebten das schmucke Logo der Berliner Polizei, ein Berliner Bär sowie ein grünes Marihuana-Blatt. Langsam verteilte sich der Rauch in Harald, zuerst in die Zehen, dann in den Kopf. Er sah lächelnd zu dem Beamten auf. „Das ist jetzt wohl auch legal, das Kiffen, was?" Seine Stimme war am verebben.

Der Mann lachte. „Naja. Aber bei anderen Polizisten solltest du vielleicht vorsichtiger sein." Dann ging er fröhlich pfeifend davon, während Harald noch ein wenig grübelte, denn er wußte nicht, daß das gar kein richtiger Ordnungshüter war, sondern Detlef Kuhlbrodt von der TAZ, der immer so lustige Scherze macht.

Die Rolle hatte sich bald in Rauch aufgelöst, und ganz langsam tat es die Stadt ihr gleich. Harald saß auf dem Poller und starrte auf die Menschen, die bunt und unzählig an ihm vorbei frappierten. Anfangs waren es mehr als genug, dann verschwammen sie zu Klumpen, die wurden auch immer weniger, und bald war da nur noch eine angenehm graue Masse, kaum zu unterscheiden von dem monochromen Anthrazit der Stadt, das sich dahinter wie ein totes Meer ausbreitete. Harald starrte in ein Loch ohne Grenzen und war froh. Bis vor seinen Augen eine einzelne Person materialisierte. „Rudi?"

Rudi schüttelte den Kopf. „Spike", erklärte er matt. „Aber was soll's. Ist doch sowieso alles egal." Er setzte sich auf den nächsten Poller. „Und wie geht's dir?"

Harald überblickte die Luft zwischen ihnen. „Schön ruhig hier", brummte er.

Rudi schüttelte den Kopf. „Du kiffst immer noch, was? Lächerlich. Außer den Kids macht das niemand mehr. Davon wird man total blöd im

Kopf. Sieht man an den Kids. Hiphop und Techno, das ist alles, was die wollen. Frag die mal nach den Sex Pistols. Haben sie noch nie von gehört."

Harald fixierte Rudi. Der war unscharf. „Und du säufst."

„Na und. Ich trinke vielleicht ganz gerne einen Schluck. Ist doch meine Sache."

Harald winkte ab. „Ich sag' gar nichts."

„Du hast doch keine Ahnung, wie es ist." Rudi schwieg eine Moment. „Die ganze Scheiße."

Harald sah ihn interessiert an. Rudi zuckte mit den Schultern. „Glaubst du, ich weiß nicht, wie blöd der Name ist? Spike! Aber was soll ich denn machen? Ich brauche einen Künstlernamen. Ich kann doch nichts. Ich sitze in dieser Scheißstadt fest. Jeden Tag kommen neue Typen, die jünger sind als ich. Und besser. Mann, soll ich für den Rest meines Lebens in Kneipen arbeiten? Ich bin 36!"

„Was ist denn? Ich denk', du bist Künstler. Du hast doch 'nen prima Job."

„Und jetzt fragst du dich, was ich für 'ne Leidensgeschichte präsentiert hab', um da arbeiten zu dürfen, stimmt's."

„Naja, damals sah es jedenfalls nicht so aus, als würdest du besonders leiden. Ich war's, der in der Schule kein Geld für 'ne Cola hatte. Du hattest 'nen Mofa. Und deine Eltern waren auch nicht gerade Vergewaltiger. Mich haben sie jedenfalls nie angerührt."

„Mich auch nicht. Ich hätte einfach dableiben können. Aber du wolltest doch auch weg. Und als ich dann hier war, ging alles wie von selbst. Am Anfang. Naja, ich dachte ja auch, ich könnte jederzeit wieder zurück. Und vielleicht doch noch was lernen. Aber das kannst du vergessen, wenn du erst mal über dreißig bist."

„Du hast die ganze Zeit gejobbt?"

„Ja... Nein... Ich... Ich hab' alles gemacht. Erst bei so 'nem kleinen Theater. Dann Konzerte veranstaltet, ein Jahr auch mal ein Freilichtkino. Das war die Pleite. Den ganzen Sommer hat's geregnet. Danach hab' ich drei Jahre Schulden abgezahlt. Das nächste mal war ich vorsichtiger, mit 'nem Club. Aber die wollen heute nur noch Techno, und das ist einfach nicht mein Ding. Bis ich dann Knorke getroffen habe."

„Doktor Knorke? Euer Sponsor?"

„Der Gesundheitsminister. Du kennst ihn wirklich nicht?"

„Ich habe die letzten 15 Jahre nicht viel mitgekriegt."

„Mann, 15 Jahre verdämmert. Ich fass' es nicht." Er erklärte Harald, wer Doktor Knorke war. Am Schluß schüttelte Harald den Kopf. „Du willst sagen, daß es einen Politiker gibt, der an die Menschen denkt? Das glaubst du doch selber nicht. Ich habe gerade den Aussenminister getroffen. Ein Grüner. Und weißt du, was der vorhat? Mann, ich sag's dir lieber nicht."

„Knorke ist in Ordnung. Ich kenn' ihn persönlich. Er hatte die Idee für meinen neuen Namen. Vermutlich, weil er auch ein Pseudonym hat. Er hat mir den Job besorgt."

„Ein Kumpel... Und wie hast du ihn kennengelernt?"

„Ich habe ihm mal den Kopf gerettet. In den 80ern. Auf einer Demo. Da war er noch an der TU, natürlich als Lehrer. Der ist bestimmt 15 Jahre älter als wir. Aber er war trotzdem dabei, damals. Gegen Lummer, diese Nazisau. Mann, ich werde immer noch sauer, wenn ich an den denke."

Harald zuckte mit den Schultern.

Rudi riss sich zusammen. „Jedenfalls waren damals wieder die Berliner Bullen-Brutalos unterwegs, und die hatten Knorke ins Visier genommen. Keine Ahnung, warum. Vielleicht hatte er sich mit jemand im Senat angelegt. Jedenfalls waren die Bullen schon über ihm, und ich, mit Zwille und Lederjacke, hab' ihn mit ein paar Kumpels rausgehauen."

„Weil die ihn sonst totgeschlagen hätten. Wie damals am Landwehrkanal, was?"

Rudi nickte. „Genau!"

„Schwachsinn." Harald schüttelte den Kopf. „Du bist immer noch genauso irre wie früher. Bullenschweine! Bist du mal auf die Idee gekommen, daß das auch nur Menschen sind?"

„Was soll das denn heißen?"

„Mann, das sind doch keine Berufskiller. Das sind Leute, die nur 'nen Job machen. So wie alle."

„Was weißt du denn! Ich kann dir garnicht sagen, wie oft ich von denen eins übergebraten bekommen habe, mit ihren Scheiß Schlagstöcken."

„Weil ihr euren privaten Krieg geführt habt."

„Was?"

„Die Bullen gegen die Punks. War doch schon früher so, in der Schule. Die Lehrer waren alle gegen dich, der Bürgermeister war ein Nazi, und die Bullen, hah: „Polizei SA SS!" Als wenn du das Maul aufgemacht hättest, wenn die SS tatsächlich auf der Straße marschiert wäre."

Rudi erhob sich schwerfällig. „Ich laß mich nicht von dir beleidigen", knurrte er müde.

Harald erhob sich ebenfalls. „Laß gut sein. Tut mir leid. Ich weiß auch nicht, was los ist. Ich bin gereizt. Eigentlich ist das nicht meine Art."

Rudi entspannte sich etwas. „Was ist denn los?", fragte er überraschend verständnisvoll.

Harald überlegte kurz. „Das ist eine längere Geschichte. Jedenfalls ist Miki weg. Das macht mir Sorgen."

„Ist sie deine Freundin?"

„Noch nicht. Aber..." Harald war die Frage unangenehm, er wechselte lieber das Thema. „Was war denn jetzt mit Knorke?"

Rudi zögerte eine Sekunde, verlegte seine Frage aber auf später. „Er war ebenfalls davon überzeugt, daß sie ihn umgebracht hätten. Die Bullen. Er sagte, ich hätte ihm das Leben gerettet. Und wenn er mir mal helfen könnte, dann... Naja, und vor ein paar Monaten habe ich dann sein Bild in der Zeitung gesehen und mich dran erinnert. Ich hab' bei ihm angerufen. Das war nicht einfach, aber schließlich hat es geklappt. Er wußte tatsächlich noch, wer ich bin, und hat mir einen Job besorgt."

„Beim Zirkus der Angst."

„Auch", antwortete Rudi vage. „Aber sag' du mal: Was ist denn mit dem Aussenminister? Du hast Fischer getroffen? Wieso?"

Harald seufzte. Er überlegte, ob er Rudi wirklich vertrauen konnte, entschied, daß die Antwort „Nein" war, und erzählte die Sache trotzdem, weil: is' ja egal.

Rudi war multiperplex. „Wir gehen zu Knorke. Jetzt. Du mußt ihm alles erzählen. Er wird dir helfen."

Harald betrachtete Rudi interessiert. „Du scheinst ihm wirklich zu vertrauen."

Rudi sah Harald einen Moment in die Augen, dann senkte er beschämt den Blick. „Ich habe ihn getroffen, wir haben uns unterhalten, und dann hat er mir die Wahrheit gezeigt. Mir wurde klar, daß ich in der Hoffung lebte, ich würde einmal was erben. Ich hatte nie darüber nachgedacht, aber ich hab' tatsächlich darauf gewartet, daß meine Eltern abkratzen. Das Haus, die Ersparnisse, die Lebensversicherung. Damit wollte ich ein neues Leben anfangen. Kannst du dir das vorstellen? Ihr Tod war meine Zukunft. Mann, ich war am Ende." Rudi schwieg, er schluckte ein paar mal. „Knorke hat mir nicht den Kopf gerettet. Aber meine Seele."

Harald nickte. Er nahm Rudi in den Arm. Dann gingen die Schulfreunde gemeinsam die gleissende Allee hinauf.

Manche Leute glauben, die Sprache sei ein Werkzeug der Gehirne. Die Gehirne sind voneinander getrennt durch Schädeldecken und Raum, sie sind fest mit den Körpern verbunden, in die sie sich eingenistet haben. Deshalb können sie nicht mehr frei miteinander kommunizieren, so wie früher, als sie unabhängig, aber körperlos, also quasi behindert, durch das All segelten. Die Sprache wäre sozusagen ein Tunnel, durch den die Gehirne zu anderen Gehirnen finden, um sich auszutauschen. Somit wäre die Sprache etwas Gutes.

Bodo rollte traurig über das große Hotelbett. Unter anderen Umständen hätte er sich über die vier Quadrameter Federweich gefreut, doch nun wälzte er sich nur unruhig hin und her. Seit fast einer Stunde lief MTV, alles war bunt und laut, doch Miki war nicht aufgetaucht. Vielleicht hatte er sich geirrt. Vielleicht wollte die Elfe garnicht MTV gucken. Oder vielleicht nur MTV Japan. Aber wo könnte man das wohl? Doch nur in Japan. Oder sie hatte einen eigenen Fernseher. In ihrem Stein.

Bodo hielt inne, jetzt wälzte er sich nur noch im Kopf. Ihr Stein. Da war keiner drauf gekommen. Aha! Das war eben kein Gedanke, der gerade lieferbar war, damals. Vor einer Stunde. Aber jetzt. Bodo trudelte von der Matratze, schluppte zur Verbindungstür, schaute in Haralds Zimmer und beugte sich über den Koffer des Zivi. Sorgfältig nahm er die Klamotten heraus und stapelte sie auf dem Bett. Auf dem Boden des Koffers lag die Pistole. Bodo legte sie zu den anderen Sachen. Und der Stein.

Bodo nahm ihn in die Hand. Wenn nur Miki da drin wäre. Bitte, bitte, sei da drin, dachte er. „Bitte, bitte..." flüsterte er, und schon errötete die Luft und neben ihm stand die japanische Elfe. Sie war blass, ansonsten aber gut erhalten.

„Miki!" Bodo sprang auf sie zu, schnappte sie sich, warf sie in die Luft und fing sie wieder. Dann rief er noch mal: „Miki."

Miki lächelte bemüht. „Hallo Bodo."

Bodo hielt seine Freude im Zaum. „Was ist denn los", fragte er besorgt.

„Mir geht es nicht gut", antwortete Miki mit schwacher Stimme.

„Ich... Es war der Erwachsene."

„Der traurige Mann?"

Miki nickte. „Ich habe das noch nie erlebt. Es war, als würde er mir das Leben raussaugen. Einfach nur seine Erscheinung. Ich weiß nicht, wie das passiert ist."

Bodo sah sie ratlos an. „Ich auch nicht."

Miki rang sich ein Lächeln ab. „Aber mir geht es schon besser. Wo ist Harald?"

„Der sucht dich. Da draußen." Bodo zeigte zum Fenster. „Er macht sich Sorgen."

Miki nickte. „Vielleicht sollten wir ihm Bescheid sagen, was? Daß es mir gut geht."

„Zusammen?"

Jetzt lächelte Miki wirklich. „Ich muß mich noch etwas erholen. Wie wär es, wenn du schon mal losgehst? Du nimmst den Stein mit, und wenn etwas sein sollte, rufst du mich. Du sagst einfach bitte."

Bodo nickte erleichtert. Miki verschwand wieder, Bodo steckte sich den Stein in die Hosentasche, die Pistole auf die andere Seite, und verließ das Zimmer. Doch schon am Hoteleingang blieb er ratlos stehen. Harald war nirgends zu sehen, und Bodo hatte keine Ahnung, in welche Richtung er nun gehen sollte. Da hörte er den Klang von Kettensägen. Das war DJ Honka. Hurra! Bodo liebte DJ Honka und seine mörderischen Hits. Und wenn er das tat, dann liebten wohl alle DJ Honka und seine mörderischen Hits. Also auch Harald. Also mußte Bodo nur zu DJ Honka und seine mörderischen Hits gehen, und da wäre dann auch sein Freund und sie wären wieder alle beisammen. Ganz einfach. Fröhlich wackelte Bodo los.

Die Musik wurde mit jedem Meter lauter. Er hörte jetzt nicht nur die Säge, sondern auch die Stanzmaschine, die Schweißer und das Stampfen der Turbine, über die eine extradünne Frauenstimme unverständlich wisperte. Das war „Fettspritze", der vorletzte Hit Honkas. Bodo hatte ihn gesehen, so wie auch alle anderen. Auf MTV. Ganz toll. Mit Feuer und Eis. Mörderische Hits.

Er bog in eine Nebenstraße ein, die für den Verkehr gesperrt war. Kurz vor der nächsten Kreuzung stand eine große, von bunten Scheinwerfern erleuchtete Bühne, vor der sich einige hunderte Menschen versammelt hatten. Auf dem Podest tanzten drei Mädchen in Klarsichtfolie, dahinter hauten zwei Männer in Uniform auf Metalleimer. Bodo schob sich durch die Menge, endlich stand er direkt vor der Plattform. Aufgeregt schaute er herum, bis er schließlich hinter ein paar Plattenspielern DJ Honka entdeckte. Er trug einen kanariengelben Trainingsanzug, sonst hätte man ihn kaum gesehen. Er war nämlich nur eineinhalb Meter hoch.

Glücklich winkte Bodo dem Mann mit dem fiesen Stoppelschnitt, doch der reagierte nicht. Komisch eigentlich. Dann erinnerte sich Bodo an seine Aufgabe. Er drehte sich um und betrachtete das Publikum, aber Harald war nicht zu sehen. Komisch eigentlich. Dafür stand am Rand der Bühne ein Junge in Neon-T-Shirt, Radlerhose und mit Bauchnabel-Piercing. Das war Benjamin. Komisch eigentlich.

Fröhlich schlenderte Bodo zu dem Ex-Zivi hinüber. „Hallo Benjamin", rief er gut gelaunt. Benjamin reagierte wie immer etwas langsam. Er starrte ihn an, als hätte ihn der Blitz getroffen. Endlich stotterte er: „B.. Bo... Bodo?"

Bodo nickte. „Und du bist Benjamin. Ich kenne deinen Namen. Gut, was?"

Benjamin lächelte automatisch. Er sah hinüber zu Honka, dann wieder zu Bodo. Honka spielte jetzt seinen neuen Hit „ $inus Co$inus". Er bestand fast nur aus monochromen Pfeiftönen und einem rumpfen Bummmsen. „Das ist das letzte Stück", informierte ihn Benjamin, der immer noch nicht wußte, wie er reagieren sollte.

Bodo nickte. „Gute Nummer."

Benjamin winkte ab. „Ich weiß, du hast das immer geguckt. Ich find' das lahm."

„Aber jetzt bist du hier."

„Weil ich hier arbeite." Benjamin rappelte sich zusammen. „Komm, Bodo, verschwinde. Ich habe keine Zeit für dich. Du kriegst sicher bald einen neuen Zivi."

Bodo legte den Kopf schief, was bei ihm ganz entzückend aussah. „Du arbeitest für DJ Honka?"

Benjamin zuckte mit den Schultern. „Naja, eigentlich arbeite ich für Mathias. Du weißt schon, dein neuer Nachbar. Du hast ihn doch getroffen."

„Mathias. Ist der nicht zuhause?"

Benjamin schüttelte den Kopf. „Nein, der ist hier. Der dreht morgen ein ganz großes Ding. Ich darf darüber nicht reden." Er kicherte. „Obwohl ich kaum glaube, daß es bei dir irgendwas ausmachen würde."

Bodo schüttelte bescheiden den Kopf. „Nö, ich könnte da nichts machen. Aber... Aber ich könnte den Nachbarn treffen. Guten Tag sagen. Ich bin sein Freund. Ich leihe ihm alles, was ich nicht mehr haben will. Wir sind Nachbarn."

Benjamin schüttelte noch einmal den Kopf. „Wir können dich hier nicht gebrauchen."

In diesem Augenblick erschien hinter ihm ein Mädel in kanariengelben Stretch. Es war Alexa, die wie immer ihren Presseordner unterm Arm trug. „Wir verschwinden in ein paar Minuten", erklärte sie dem Ex-Zivi. Dann erkannte sie Bodo. „Ah, der Literaturkenner." Ein Superscherz. Sie mußte ganz doll lachen.

Bodo lächelte zurück. „Liest du mir noch was vor?"

Alexa war geschmeichelt. „Warum nicht, was? Da kannst du was lernen."

Benjamin schüttelte schon wieder den Kopf. Der war bereits ganz locker. „Das geht nicht. Du weißt doch, daß wir was vorhaben."

Alexa schaute ihn entgeistert an, ihr Hinterkopf wurde melonengroß. „Sag mal, is' was? Wer ist hier der Boss? Außerdem bin ich eine große Literatin. Und du bist ein kleiner...", sie suchte nach einem Ausdruck , der ihrem Statuts angemessen war, „...Scheißer." Gut gegeben! Im Geiste klatschte sie sich zu.

Benjamin zog den Schwanz ein und schlich davon. Alexa nahm Bodo an die Hand und folgte dem Knaben hinter die Bühne.

Der Auftritt war gerade zuende. Die Tänzer verschwanden in einem Container mit der Aufschrift „Garderobe", doch Honka blieb einfach auf der Straße stehen, wie ein geschorener Gartenzwerg, der auf eine Schubkarre wartet. „Wo ist mein Auto", piepste er schließlich. Bodo, der etwas weiter weg stand, starrte ihn fasziniert an. „Die Stimme kenne ich", sagte er zu Alexa.

Alexa grinste. „Er singt seine Melodien alle selber. Natürlich darf das keiner wissen. Er schämt sich für sein Eunuchenstimmchen. Würd' ich mich auch. Aber ich hab' ja 'ne tolle Stimme, ne?"

Bodo nickte. „Es kommt auch darauf an, was man sagt", fügte er hinzu.

Alexa lachte. „Da bin ich sowieso spitze."

Eine lange schwarze Limousine kam um die Ecke und hielt vor Honka. Der DJ mit der Fistelstimme stieg ein. Alexa, Benjamin und Bodo gingen zu ihm hinüber. „Können wir mitfahren", fragte Alexa.

Honka musterte die Gruppe einen Moment, besonders Alexas Busen, der unter dem Stretch prächtig gärte. Schließlich winkte er sie rein. Dann fuhren sie los.

Zehn Minuten später hielten sie vor einem schreienden Glasbau aus den 50ern, in dem Bodo schon mal gewesen war. Sie fuhren mit dem Fahrstuhl nach oben und betraten das Büro der Firma „Holo Course". Im Vorraum gab es immer noch Stahl und Tropenholz, aber auch den neuen Nachbarn, der in seinem kanariengelben Anzug am Empfang saß. Er lächelte die späten Gäste breit an. „Wir können leider nicht in die Büros", erklärter er li-la-launig. Da wird überall noch gearbeitet." Er hielt inne, ratlos zeigte er auf Bodo. „Wo habt ihr den denn her?"

Bodo lächelte. „Ich freue mich auch. Hallo Nachbar, danke schön."

Der Trendforscher guckte säuerlich, bis Alexa erklärte, daß Bodo ihr Gast sei. Doch so genau wollte er es nun auch wieder nicht wissen, denn ihm war gerade wie frisch gekrönt.

„Ich zeige euch jetzt, worum es morgen geht", erklärte er mit wichtiger Stimme. Er zog unter dem Tresen einen kleinen, grauen Kasten hervor, auf dem ein schwarzes X klebte. Bodo hatte den Kasten auch schon mal gesehen. Was wohl passieren würde, wenn Mathias ihn jetzt aufmachte? Machte er aber nicht.

„Das ist sie. Die Geheimwaffe. Morgen werden wir sie zum ersten mal einsetzen. Und dann werde ich Propagandaminister. HaHaHa!"

Bodo fand das auch lustig. „HiHiHi", machte er leise. Der Trendforscher funkelte ihn böse an. „Wir machen es an der Siegessäule. Die hat ihren Namen nicht umsonst. HaHaHa!"

„HiHiHi." Bodo winkte fröhlich, doch Mathias ignorierte ihn. „Noch Fragen oder so?"

Benjamin meldete sich. „Ich weiß natürlich, daß ich noch neu bin, aber... Nun ja, ich hab' keine Ahnung, was ich morgen tun soll."

Mathias sah ihn müde an. „Soso. Na, du stehst da rum, wie die anderen auch, hm? Ihr beschützt uns. Und wenn es Ärger gibt, seid ihr unsere lebenden Schutzschilde. Klingt doch gut, oder?"

Benjamin überlegte einen Moment. Er war sich nicht sicher, aber irgendwas störte ihn an dem Plan.

„Und ich?", fiepte DJ Honka.

„Du machst Musik, dafür wirst du bezahlt."

„Soundtrack zum Untergang, was." Er lachte, wie eine Maus mit Asthma.

„Genau. Na, wenn das alles geklärt ist, könnt ihr ja gehen. Das heißt, mit dir würde ich gerne noch mal... reden, Alexa."

Alexa blinkerte mit den Wimpern. „Aber gerne", säuselte sie rauchzart.

Die anderen verschwanden, doch Bodo blieb. Mathias wollte ihn rausschmeißen, aber Alexa bequatschte ihn, so daß der Blödmann im Vorzimmer warten durfte, während Alexa und Mathias im Büro „etwas zu erledigen" hatten.

Kaum alleine holte Bodo den Stein aus der Tasche. Miki sah schon viel besser aus. Der Blödmann klärte die Elfe über die Situation auf, danach schlichen die beiden den Korridor hinauf. Hinter einer angelehnten Tür erklangen Stimmen. Die beiden lauschten.

„Du bist meine Walküre." Das war Mathias.

„Und du mein Führer." Alexa.

„Du machst mich ganz wild, Eva."

„Du mich auch, Adolf."

„Oh mein Gott, es wird so heiß. Sie beschiessen den Führbunker."

„Keine Sorge, Adolf. Die Russen kriegen uns nicht. Vorher ficken wir uns tot."

„Oh ja, Eva. Ich werde dich an die Wand nageln."

„Tu es, Adolf. Tu es. Fick mich. Fick die Hitlerhure."

„Ich fick dich, der Führer fickt dich, du Sau."

„Ja, Adolf."

„Ja, Eva."

Bodo hatte genug gehört. Er riss die Tür auf. Alexa und Mathias saßen angezogen und sittsam nebeneinander auf dem Sofa. Überrascht drehten sie sich um. Jeder von ihnen hatte ein Mikrofon in der Hand, das mit einem Tonband verbunden waren. Vor ihnen stand ein Fernseher, auf dem ein Porno lief. „Was willst du denn hier?", fragte Alexa wütend.

Neben Bodo erschien Miki. Sie sah das Paar interessiert an. „Was macht ihr denn da?"

„Geht dich nichts an." Alexa war echt sauer.

„Ach, laß doch." Mathias gefiel das Mädchen. Sehr. „Wir synchronisieren Pornos. Willst du mitmachen. Mal ein bißchen stöhnen, hm?"

Alexa sah ihn wütend an. „Du mieser, kleiner Wichser."

„Du hast es gerade nötig, du frigide Kuh!"

„Wie nennst du mich? Halt bloß dein Maul, du impotentes Röhrchen."

„Woher willst du das wissen? Bei dir kriegt doch sowieso keiner einen hoch."

„Ach, und du glaubst, du bist sexy, was? 'Fettspritze' ist doch über dich. Hast du das immer noch nicht kapiert?"

„Das ist nicht wahr. Honka ist mein Freund."

„Freund, hah! Honka hat keine Freunde. Und du auch nicht."

„Aber du, was?"

„Ich brauche keine Freunde. Ich habe Fans. Du hast höchstens ein paar Teenies, die in Kindersexklamotten um dich rumschleichen, weil du sie wie irre bezahlst."

„Aber dich bezahl ich auch. Darüber hast du dich nie beschwert."

„Dafür synchronisier ich auch diese blöden Pornos. Und immer nur Nazis, Katholiken oder Programmierer. Schieb mir deinen Unix in den Arsch! Glaubst du vielleicht, das macht mir Spaß?"

„Na, mir etwa? Deswegen habe ich doch die Sache mit Fischer angeleiert. Damit wir endlich weiterkommen."

„Das funktioniert doch sowieso nicht."

„Woher willst du denn das wissen?"

„Weil ich nachgesehen habe. Im Schrank. Deine Supermaschine ist ein leere Blechkasten. Ein Scheißdreck. Wie alles, was du anfängst."

Mathias starrte sie fassungslos an. „Das ist nicht wahr", murmelte er nach einer Weile.

„Doch, das stimmt", mischte sich Bodo ein. „Wir haben den Kasten heute auch gesehen. Leer. Alles nur Luft. Wie die Büros. Nichts ist echt. Nicht mal der Sex."

Alexa sprang auf. „Da hörst du's. Du bist eine Null. Ich habe die Schnauze voll, ich gehe. Du kannst ja morgen mal sehen, wie du das Fischer erklärst. Wir sehen uns auf der Parade." Sie schnappte sich ihre Pressemappe und rauschte zur Tür hinaus.

Mathias starrte ihr erschöpft nach. „Scheiße", seufzte er. „Nichts klappt. Und ihr... Was wollt ihr hier eigentlich? Wer seid ihr? Du bist doch der blöde Nachbar aus diesem Kaff, wo wir unser Hauptquartier für Fischer simuliert haben."

„Simuliert." Bodo hatte etwas nicht verstanden.

„Klar, simuliert. Simulation ist das ganz große Ding, schon seit Jahren. Alles ist simuliert, das Echte gibt es gar nicht mehr. Das ist nur Ersatz für die Simulation, verstehst du?" Er winkte ab. „Ach, das kapierst du sowieso nicht. Du bist einfach blöd. Wie Fischer. Der hat es auch nicht begriffen. Der ist sowieso nie da aufgetaucht. Weiß der Henker, wieso."

Bodo griente. „Der war bei uns. Im falschen Haus."

Der Trendforscher fuhr hoch. „Was? Wieso habt ihr ihn denn nicht rüber geschickt?"

„Weil wir das nicht wollten. Den haben wir noch gebraucht. Den konntest du nicht haben. So wie den Kühlschrank."

Mathias sah Bodo ärgerlich an. „Lending. Crosslending. Eine gute Sache."

Die beiden hätten noch Stunden weiter machen können, doch Miki war ungeduldig. „Was ist hier eigentlich los. Kannst du mir mal erklären, was du und dieser Aussenminister planen."

„Dir erklären?" Mathias lachte heiser. „Warum sollte ich das wohl tun?"

Miki trat hinter das Sofa, auf dem Mathias noch immer saß, nahm seinen Kopf zwischen ihre Hände und drehte ihn leicht. „Weil ich dir sonst das Genick breche."

Dem Trendforscher brach der Schweiß aus. „Okay, keine Sorge, alles klar, ist gut." Er holte tief Luft. „Es ist ja kein großes Ding. Eigentlich ist alles ganz einfach. Ich habe nämlich schon früher für die Grünen gearbeitet. In meinem Herzen war ich immer ein Grüner. Ich habe Trendberatung gemacht, mit Holo Course, meiner Firma. Die finale Lösung für das finale Problem, das war mein erster Slogan. Gut, was?"

Miki und Bodo schüttelten wie auf Kommando den Kopf.

„Dann eben nicht. Ist doch wurscht. Jedenfalls habe ich die Grünen beraten, auch später, als sie schon an der Regierung waren. Mit Fischer hatte ich allerdings nie persönlich zu tun. Bis er mich eines Tages anrief. Er sagte, ich sei doch ein schlauer Typ, naja, und da konnte ich ihm ja nicht widersprechen. Dann fragte er mich, ob ich ihm eine Maschine bauen könnte, die die Menschen zu willenlosen Sklaven macht. Er sagte, er würde sie zur Love Parade brauchen. Ich dachte, Mensch, das sind doch noch zwei Monate. Bis dahin fällt mir bestimmt was ein."

„Aber dir ist nichts eingefallen." Miki grinste.

„Bis jetzt nicht", gab der Trendforscher zu. „Aber die besten Ideen habe ich sowieso immer, wenn ich unter Zeitdruck stehe."

„Ich versteh' das nicht", schaltete sich Bodo ein. „Ich weiß nicht. Warum will der Aussenminister überhaupt so eine Maschine."

Mathias schüttelte den Kopf. „Das habe ich auch nie begriffen. Er sagte, er wollte die Schweiz überfallen. Außer bei unserem ersten Gespräch. Da erzählte er mir, daß einer seiner Kollegen eine Verschwörung plant. Und deshalb wollte er auch eine. Weil die anderen immer alles haben, nur er nicht. Davon hat er später aber nie wieder gesprochen."

Andere glauben, die Sprache sei ein Virus aus dem Weltall. Er hat sich in uns festgesetzt und saugt nun unsere Gefühlsenergie fort. Der Beweis ist einfach: Unsere Gefühle sind sehr stark, doch wenn wir sie in Worte fassen, kommen sie uns leer und dumm vor. Das liegt daran, daß der Virus die Energie aus den Gefühlen saugt, während er sie in Sprache umwandelt. Wir haben von diesem Prozess überhaupt nichts, denn gäbe es die Sprache nicht, würden wir einen Weg finden, miteinander zu kommunizieren, ohne unsere Gefühle zu entkernen. Nach dieser Theorie ist die Sprache etwas Schlechtes.

Berlin mit seinen Partys und Paraden war spurlos weggeklappt, als Rudi und Harald lange nach Mitternacht vor Doktor Knorkes Villa in Wilmersdorf ankamen. Das Stuckstück war entschieden überdimensioniert: Man ahnte, wie sich einer im Westflügel in den Finger schneidet, auf dem Weg zur Hausapotheke im Ostflügel eine dünne Blutspur auf dem hellen Marmor hinterläßt, und schließlich von seinen Doggen haschiert wird, weil die das Blut aufgeleckt und dabei so richtig Appetit entwickelt haben. Naja, Reiche mögen das, man weiß nicht warum. Vielleicht ist es der Geruch von Freiheit und Abenteuer. Nie zu wissen, ob man den weiten Weg bis zum Frühstückstisch schafft, ohne zu verhungern. Geil!

Vor einem schmiedeeisernen Tor mit daumendicken Stangen und grün oxydierten Löwen bommelte die österreichische Version der Schweizer Garde: drei fettige Schmodder in cremefarbenen Anzügen, die Bartstoppeln und Sonnenbrille bei Nacht für cool hielten. Rudi erklärte dem Trio ihr Anliegen, bis einer endlich seinen Hintern hochriss und die Besucher zu einem magersüchtigen Gartenhaus führte. „Der Herr Doktor feiert dort ein Fest." Die Fete war aber nicht so spitze, das Haus dito. Es hatte nur einen Raum, in dem sich auf blankem Parkett drei primadonne Stühle in das rechte Licht eines brillierten Kronleuchters rückten. Dazwischen hockte der Minister in einem weißen Umhang, allein, auf dem Boden, mit geschlossenen Augen und gekreuzten Beinen.

„Der Herr Doktor", erklärte der Wächter ehrfürchtig, „meditiert. Zur Feier des Tages."

Das tat der Herr Doktor zu diesem Zeitpunkt natürlich schon nicht mehr. Der Gesundheitsminister hatte beim ersten Geräusch die Augen geöffnet, Rudi gesehen und die verschnörkelten Falten seines runden Gesichts zu einem zarten Bild der Gastfreundschaft geordnet. Ächzend erhob er sich, murmelte „Hallo, Spike" und betrachtete dann neugierig Harald. Der Zivi gab den Blick zurück, denn Knorke war eine echte Sehenswürdigkeit: Ein riesiger Mann mit kahlem Kugelkopf, kegelförmigen Armen und Beinen, und einem Bauch wie ein kleiner Planet. Man hätte darauf wohnen können.

„Und sie sind?", setzte der Minister an.

Harald öffnete den Mund, doch Rudi kam ihm zuvor. „Das ist ein alter Schulfreund von mir. Harald Bunke. Er hat... etwas zu erzählen."

Knorke reichte seinem Gast die Hand. Sie war angenehm kühl und weich. „Nun denn, Herr Bunke, was kann ich für sie tun?" Er strahlte. „Oder können Sie etwas für mich tun?"

Harald blickte aus fernen Schatten auf den freundlichen Herren. „Sie können mich Harald nennen. Nur in der Sparkasse nennt man mich Herr Bunke." Er machte eine kleine Pause. Irgendwo in ihm hatte etwas ausgesetzt, aber das war lange her, ein paar Stunden, oder vielleicht Jahre. Ausführlich erzählte er dem Minister von dem neuen Nachbarn, vom Besuch des Aussenministers, von der Fahrt nach Berlin, von dem leeren Trendbüro, und sogar vom Zirkus der Angst. „Der hat mir gut gefallen", beendete er den Monolog lächelnd.

Knorke wung den Kopf. Irgendetwas schien in ihm und her zu rollen, wie eine Kugel durch ein sicheres Labyrinth. Schließlich nickte er. „Ich freue mich, daß sie zu mir gekommen sind, Harald. Ich glaube zwar nicht, daß wir wirklich ein Problem haben, aber man weiß ja nie. Sehen Sie, es ist so..." Er dachte einen Moment nach. „Ach, was soll ich es ihnen erklären. Ich zeige es ihnen einfach."

Er wandte sich um, öffnete eine Tür, die hinter der altrosa Tapete versteckt war und kramte herum. Als er sich wieder umdrehte, hatte er ein Ding in der Hand, das aussah wie eine Laserkanone aus einem billigen Science-Fiction-Film. Es war eine armlange, silbern glänzende Röhre, an der es vorne ein Fadenkreuz gab und hinten ein Abzug. Knorke sah damit aus wie der abgelehnte Entwurf eines Retters des Universums. Er drückte auf einen Knopf, entlang der Röhre blinkten rote

Leuchtdioden. Dann zielte er mit dem Gerät auf Harald. Der Zivi duckte sich instinktiv, war aber zu langsam. Knorke betätigte den Abzug.

Zuerst passierte nichts.

Dann zerbrach über Harald eine Welle. Für den Bruchteil einer Sekunde lag er in Gelee, eine Katze in Gelantine, die Haare aufgerichtet, die Muskeln im Sprung. Und löste sich auf. Bis auf ein Bild.

Sie hieß...

Ihr Haar war ein sandiges Muster aus Licht. Über seinem Gesicht. Sie lächelte. Für ihn. Wenn man nach Hause kommt, obwohl man nie dort war. Für sie stellte er sich auf die Klippe, breitete die Arme aus und sprang. In ihre tobende Tiefe. So wich der Sand dem Meer. Beinahe. Bis im letzten Augenblick. Er erinnerte sich genau. Es war fast gestern gewesen.

Sie hieß Martina.

Harald öffnete die Augen. Jahre waren vergangen. Minuten. Sekunden. Ihm gegenüber wartete das lachende Gesicht seines Gastgebers. „Na?", fragte der Minister neugierig, „was haben sie gesehen?"

Harald schüttelte sich. Er fühlte sich gleichzeitig benommen und wach. „Ich...", setzte er an, dann besann er sich. „Ich, ähh... habe mich an einen Tag am Meer erinnert."

„So so, sie wollen es mir nicht sagen." Doktor Knorke war anscheinend verstimmt. „Naja, müßen sie ja nicht." Er fummelte an der Röhre herum, bis die Dioden nicht mehr blinkten. „Ist ihr gutes Recht, ihr Privatleben zu schützen. Obwohl man doch etwas Dankbarkeit erwarten könnte. Tja. Wissen sie, diese... nun ja, nennen wir es mal Eingebung, die sie gerade hatten, ist nämlich kein Zufall. Die kommt von diesem Apparat hier. Wir nennen ihn den Brain-Drain. Das heißt, ich ziehe einen anderen Namen vor. Ich nenne ihn die gute Maschine."

Harald sah seinen Gastgeber verständnislos an. Er hatte keine Ahnung, wovon der Minister sprach.

Knorke ließ sich nicht irritieren. „Meine Erfindung basiert auf zwei einfachen Fakten", dozierte er angeschwollen. „Wie sie wissen, stehen unsere Nervenzellen über elektrische Impulse miteinander in Verbindung. Und wie sie wohl auch wissen, liegen große Teile unseres Gehirns brach. Die gute Maschine aktviert nun mit einem elektrischen Feld schlafende Teile unseres Gehirns. Damit", er hielt die Rolle hoch, „werden die Menschen klüger und das Leben einfacher."

Harald Augen waren leer. In seinem Hirn regte sich nichts. So fühlte sich Bodo vermutlich andauernd.

„Sie fragen sich jetzt sicher, wie ich darauf gekommen bin. Aber ich bin nun mal Wissenschaftler. Es war nicht einfach, doch..."

„Moment mal", riss sich Harald heraus. „Sie wollen mir sagen, sie hätten gerade irgendwas in meinem Gehirn bestrahlt."

„Na, das klingt aber sehr negativ. So würde ich das nicht ausdrücken."

„Ohne mich zu fragen?"

„War es denn unangenehm?"

Harald schwieg.

„Sehen sie. Spike hier hat es auch nur genützt. Nicht wahr?"

Rudi nickte. „Ich hab's dir ja gesagt. Er hat mir meine Seele gerettet."

Harald blickte unentschlossen zwischen Knorke und Rudi hin und her.

„Und sie haben nur eine kleine Dosis bekommen", führte der Doktor seinen Vortrag fort. „Sehen sie, hier", er zeigte Harald den Apparat, „kann man die Stärke einstellen." Harald betrachtete ein graues Plastikrad, daneben stand: ERFAHRUNG, ERWACHSEN und ERKENNTNIS. „Sie haben nur die kleinste Dosis erlebt, genau wie Spike. Damit wurde eine Erfahrung in ihnen befreit, die ihnen unbewußt längst bekannt war. Die nächste Stufe würde sie zu einem bewußten Erwachsenen machen."

Harald hob die Hand. „Mal langsam! Sie wollen sagen, der Erwachsene vom Zirkus der Angst ist... ihr Geschöpf?"

Knorke lächelte. „Mein Assistent. Sie haben ihn getroffen? Er ist gut, nicht wahr."

Harald schüttelte den Kopf. „Er hat keinen Humor. Ich glaube, er ist sogar depressiv."

„Ach, hören sie auf. Immer diese Kleinlichkeiten. Das sind vorübergehende Erscheinungen. Das vergeht."

Harald sah den Doktor zweifelnd an. „Und die letzte Stufe?"

„Erleuchtung."

„Die haben sie selbst probiert, was?"

„Ich habe den Eindruck, daß ihnen meine Erfindung nicht gefällt."

„Was soll ich sagen? Hurra für den neuen Weltbeglücker? Ich weiß von keinem Propheten, der seine Versprechen gehalten hat."

„Sie scheinen sich ja gut auszukennen." Knorke knirschte leise mit den Zähnen. „Aber wissen sie was? Ich hatte auch mal Ideale. Bevor ich Politiker wurde. Deswegen habe ich mich überhaupt zur Wahl stellen lassen. Und ich dachte, die könnten mich gebrauchen. Weil ich kompetent bin. Ich habe geglaubt, was alle glauben: Politiker wissen, was sie tun."

Harald zuckte mit den Schultern. „Ich glaub' das nicht."

„Recht so. Die haben mich nämlich nur auf die Wahlliste gesetzt, weil ich prominent war. Bei meinem ersten Treffen mit den Kollegen wollten alle wissen, ob ich schon mal Stephen Hawking getroffen habe. Da hatte ich schon Zweifel. Und als mir der Kanzler auf dem Presseball Valium anbot, war ich mir sicher. Ich hätte aufhören sollen. Aber, stellen sie sich vor, ich wollte die Welt ändern. Schon immer. Alle haben gesagt, ich sei verrückt. Doch ich habe gesagt: Na und?"

„Na sowas."

„Jawohl! Darum bin ich Wissenschaftler geworden. Galilei, Newton, Einstein und ich. Die großen Denker, die das Leben verbessern."

„Indem sie die Atombombe erfinden."

„Ach Quatsch! Ich mache die Menschen klüger, also glücklicher. Ich werde die Menschheit erwecken. Und man wird mich dafür lieben. Morgen ist der große Tag."

„Sagen sie nichts." Harald hob seufzend die Hand. „Sie machen es auf der Love Parade, richtig?"

Knorke nickte. „Ich sitze mit meinem Protoypen auf dem Wagen des Gesundheitsministeriums und werde all den jungen Menschen, der Zukunft unseres Landes, ein neues Bewußtsein schenken. Gemeinsam werden wir eine Welt bauen, wie es sie noch nie gegeben hat."

„Und natürlich tun sie das völlig uneigennützig."

„Mir gefällt ihr Tonfall nicht, junger Mann."

„Mir gefällt auch so einiges nicht. Ihr Plan zum Beispiel. Andererseits, irgendwie ist es mir auch wurscht."

Knorke lachte. „Das meinen sie nicht ernst. Ein Wendepunkt der Weltgeschichte kann sie nicht kalt lassen."

„Mag sein. Aber ich habe ein eigenes Leben."

„Bitte? Ich verstehe nicht ganz."

„Ihre Geschichte, ihre politischen Ambitionen, ihre Vision, ihr Plan... Das ist wirklich toll, aber... Naja, was solls? Irgendwas ist immer. Soll ich die Welt retten, oder was?"

„Sie reden Unfug."

„Vergessen sie's. Sie verstehen es sowieso nicht. Ich habe ein Leben! Mir scheint, sie haben keins."

Knorke starrte Harald schweigend an. Seine weichen Gesichtszüge verholzten. „Sie haben also ein Leben, hm?"

„Ja! Ich gebe zu, ich verdanke das zum Teil ihnen. Diese... gute Maschine hat mir die Augen geöffnet. Sie haben recht, die Maschine hat ihre Qualitäten. Eventuell. Aber dieser Plan... Übergeschnappt würde ich sagen."

„Vielleicht", sagte Doktor Knorke leise, „erzählen sie uns mal aus ihrem großartigen Leben. Wie wäre das?"

„Das interessiert sie? Ich kann es kaum glauben. Naja, was soll's! Wissen sie, ich hatte mal eine Freundin. Das ist lange her. Ich hatte damals noch ein richtiges Leben. Eigentlich hatte ich sogar zwei. Eines davon war Martina. Dann machte ich Zivildienst. Ich war die Woche über weg, in einem Kaff, das es nicht gibt. Und als ich eines Tages zurückkam, sagte sie... Naja, sie sagte so etwas wie: Laß uns unsere Leben teilen, unsere Meere, unsere Welten. Sowas ähnliches. Und wissen sie, was ich gedacht habe? Scheiße, habe ich gedacht, das war es. Nie wieder Mädchen jagen. Nie wieder frei sein. Aus das Leben. Zumindest sagte ich mir das. In Wirklichkeit hatte ich einfach Angst. Ich dachte... Ich dachte, ich würde riechen, was sie riecht, spüren, was sie spürt, denken, was sie denkt. Irgendwas in mir dachte, ich würde verschwinden, mich auflösen, mich langweilen. Also bin ich abgehauen. Ich ging zurück in das kleine Kaff, das nicht existierte, und bin dort geblieben. Das hat funktioniert. Ich wurde nie entlassen, ich erhalte bis heute Geld. Seit fünfzehn Jahren bin ich Zivildienstleistender. Bekomme ich mein Gehalt von ihnen? Sind sie für Zivis zuständig? Oder der Verteidigungsminister? Verteidigt der mich? Ich bin jedenfalls immer noch da. Und ich habe so eine Art Leben. Seit fünfzehn Jahren rauche ich Marihuana, um nicht auf Gedanken zu kommen. Also bin ich nicht unglücklich. Nur ein Idiot. Das ist alles. Martina war gut. Ach was! Martina ist gut. Sie war mein zweites Leben. Und ist es vielleicht immer noch. Irgendwo da draußen." Harald seufzte. „Sie sind doch Wissenschaftler, was glauben sie: Wie lange wartet der Ozean auf einen, der nicht weiß, was er tut?" Er lächelte. „Sie verstehen? Ich habe zu tun. Ich habe keine Zeit, die Welt zu retten."

Doktor Knorke betrachtete seine Finger, er pustete über die Nägel. „Sehr hübsch, Herr Bunke." Er drehte sich zu Rudi um. „Hübsch, oder?"

Rudi nickte eingeschüchtert.

Knorke sah Harald kalt an. „Wissen sie was? Sie sind genau die Art von Mann, die ich nicht leiden kann. Sie sind eine Arschkrampe. Ich glaube, so sagt man das heute, oder?" Keiner antwortete. „Na, sie wissen, was ich meine. Ich hatte jedenfalls keine Freundin, damals, als ich jünger war. Sehen sie mich an. Wer will schon mit einem Fettklops gehen? Die Jungs in der Schule haben mich Titti genannt. Weil ich einen Busen hatte. Die Mädchen waren netter. Die haben mich bemitleidet. Manche sind sogar mit mir zum Schulfest gegangen. Aus Mitleid! Reizend, oder? Als Freund war ich natürlich trotzdem ungeeignet. Da waren Typen wie sie gefragt. Zugegeben, später wurde es besser. Ich war erfolgreich, ich hatte einen neuen Namen... Sie können sich nicht vorstellen, was für einen Unterschied so ein Name macht. Aber trotzdem... gab es da immer noch Typen wie sie. Die nichts taten, einfach nur gut aussahen, Frauen unglücklich machten und abhauten. Die abgelegten Frauen kamen dann zu mir, sie erzählten mir alles, denn sie vertrauten mir. Aber geträumt haben sie immer noch von Typen wie ihnen... Wissen sie, manche Leute sagen, sie wollen nichts, als geliebt werden. Bei mir ist das anders. Irgendwann wurde ich geliebt. Aber das reicht nicht. Ich will Sex. So wie alle. Und ich werde ich ihn kriegen. Denken sie an die vielen kleinen Technomädchen, die ich morgen glücklich mache. Zu wem werden die wohl kommen? Zu ihren blöden Freunden? Oder zu mir, dem schlauesten Wissenschaftler der Welt?"

Haralds Gesicht zuckte. Er versuchte, sich zu beherrschen. Hoffnungslos. Er kicherte leise, dann steigerte er sich zum tosenden Lachen. „Sie sind", prustete er mühsam heraus, „sie sind noch irrer als die anderen. Sie sind völlig verrückt." Er wischte sich die Lachtränen aus dem Gesicht. „Außerdem", er mußte schon wieder lachen. „außerdem ist das doch Quatsch. Die blöden Freunde der kleinen Technomädchen sind dann doch auch schlau. Dann ist also alles wie vorher, nur noch schwieriger. Die Mädels haben dann Typen, die nicht nur gut aussehen, sondern auch klug sind. Und sie sind wieder da, wo sie angefangen haben."

Knorke stierte Harald irritiert an. „Dann ziele ich eben nur auf die Mädchen", antwortete er unsicher.

Harald nickte kichernd. „Superidee!"

„Außerdem werden mir alle dankbar sein."

„Klar, sowieso." Der Zivi rang nach Atem.

„Denn Erkenntnis ist Glück. Sie haben es doch gerade erlebt. Stimmts?"

„Klar, habe ich." Harald wurde wieder ernst. „Ich sehe doch auch superglücklich aus, oder?"

„Was soll die Ironie?"

„Ja, glauben sie denn, es ist angenehm, zu erkennen, daß man ein Idiot war? Das macht doch nicht glücklich."

„Aber es ist nötig."

„Wofür?" Knorke antwortete nicht. Harald betrachtete den dicken Mann. Er tat ihm leid. Und er tat ihm doppelt leid, weil er ihm leid tat.

„Haben sie die Maschine mal an sich ausprobiert?"

Knorke nickte. „Was glauben sie wohl, wie ich auf das, was ich gerade erzählt habe, gekommen bin?"

„Und hat es sie glücklich gemacht?"

Knorke schüttelte den Kopf.

„Aber die anderen Stufen? Die haben sie nicht ausprobiert?"

„Ich..." Für einen Moment schien in dem Wissenschaftler ein Kampf zu toben. Unentschlossen schwang er zwischen kleinlaut und Siegerpose. Doch es war zu spät zum Verlieren. „Meine Assistenten haben es versucht. Den einen kennen sie. Der andere ist... tot. Es dauerte weniger als eine Minute."

„Die Erleuchtung ist kein Spaß, was?"

„Sehr witzig. Aber machen sie nur ihre Scherze. Morgen ist der große Tag. Daran können sie nichts ändern."

„Nicht?"

„Nein." Knorke drückte auf einen Knopf an der Wand. Wenige Sekunden später tauchten zwei Männer in cremigen Anzügen auf, Kollegen der Torwächter. Der Minister zeigte auf Harald und Rudi. „Die beiden Herren sind meine Gäste. Sie werden hier übernachten und bis morgen Nachmittag bleiben. Dann können sie gehen."

Rudi sah Knorke bestürzt an. „Ich auch?" Knorke reagierte nicht.

Harald schwieg. Er überlegte, ob er sich wehren sollte, ließ es dann aber. Wozu auch?

Es gibt noch weitere Theorien und Ideen über die Sprache, doch sie sind zu kompliziert oder zu langweilig, um hier vorgestellt zu werden. Man kann jedoch festhalten: Es wird viel geredet und wenig gesagt. Man darf etwas gelassen aussprechen, muß sich aber auch was anhören. Manchmal ist es schwer, Worte zu finden, dann wieder liegen sie einem auf der Zunge. Man kann nicht sagen, daß es nichts zu sagen gäbe, aber wenn es wirklich etwas zu sagen gibt, sagt es sowieso niemand. Etcetera.

Wer nichts zu sagen hat, hält jedenfalls besser die Klappe. Wer etwas zu sagen hat, vielleicht auch. Möglicherweise wäre es überhaupt besser, wenn alle ruhig wären. Man müßte mal darüber reden.

Als Bodo und Miki ins Hotel zurückkehrten, dämmerte es bereits. Erwartungsvoll betraten sie ihre Zimmer, doch Harald war nicht da. Bodo war zerfurcht, also nahm Miki ihn in den Arm. Gemeinsam legten sie sich auf das Bett des Zivi. Bodo rollte sich neben der japanischen Elfe zusammen, atmete einige mal schwer und schlief ein. Miki blieb wach. Sie dachte an nichts, aber das ist normal für eine Elfe.

SECHS

Harald und Bodo gehen auf die Love Parade

So ein ganz besonderer Tag. Wo du es schon weißt, wenn du noch im
Bett liegst. Eigentlich sogar, während du noch schläfst. Im Traum fährt
eine Eisenbahn durch einen Tunnel. Der Tunnel schwitzt, die Lok rattert,
der Kessel wird gleich explodieren. Doch dann ein gewaltiger Donner.
Die Augen auf, von der Decke rieselt es. WUMM WUMM WUMM. Es
kommt vom Nachbarn. Das wohlige, heiße, verschwitzte Gefühl in dir
löst sich auf. Draußen ist es noch nicht ganz hell. WUMM WUMM
WUMM. Das ist Musik. Du kennst den Sound. Ist das DJ Honka? Oder
Rammstein? „Ich will ficken". Aber dafür bist du zu jung, mein Kleiner.
Du drehst dich um. Da liegt das Mädchen. Das Mädchen ist noch jünger
als du. Darf auch nicht ficken. Sie ist nackt und warm und fest, also
fummelst du mal an ihr rum. Sie macht die Augen nicht auf. Aber ihre
dünnen Arme rudern an dir entlang. WUMM WUMM WUMM. Da guckt
sie hoch. Ganz leise murmelt sie „das kenn' ich". Ist das DJ Honka? Oder
Rammstein? Du brummst. Der Tag hat noch nicht begonnen. Ist auch
egal. Das Mädchen sieht dich an. Es ist deine Schwester. Sie sagt: „Ich bin
noch zu jung zum Ficken. Außerdem bin ich deine Schwester." Dann
macht ihr es. Hinterher schlaft ihr ein. Aber nicht lange. WUMM
WUMM WUMM. Die Augen auf, die Decke hat schon Risse. Du guckst
dich um. Vorm Bett der Hund. Kaut an was. Vielleicht Mama. Das wäre
krass. Das Mädchen ist still. Du siehst hinaus. Das Fenster offen, davor
ein Baum, grüne Blätter. Die Sonne jung wie du. Der Himmel blau.
Mann, ist das gut. WUMM WUMM WUMM. Das Mädchen streichelt
deinen Rücken. Ganz sanft. Du drehst dich um. „Weißt du, was heut' is'?
Love Parade!" Sie lächelt. Die Augen immer noch zu, wie ein kleiner
Hund. Sie ist so schön. Gleich macht ihr es noch mal. WUMM WUMM
WUMM. Ein geiler Sound. Das wird ein ganz besonderer Tag.

Der Aussenminister erwachte ganz früh. Der erste Blick auf den
Schreibtisch, er hatte wieder im Büro geschlafen. Draußen im
Halbdunkel war gerade noch der Protz von gegenüber zu sehen. Der
gehörte Mercedesbenz. Fischer erinnerte sich, wie er früher Sterne
abgerissen hatte. Von Bonzendaimlern. Das hatte er heute nicht mehr
nötig. Wenn er wollte, konnte er einfach wen losschicken, der das für ihn

machte. Aber nicht am eigenem Benz. Logisch.

Fischer rappelte sich auf. Heute war der große Tag. Nie wieder Radfahren für die Presse, keine Marathons, kein Biofraß. Und Scheiß Mülltrennung. Ab morgen würde alles wieder in eine Tonne gehen. Und dann in den Wald gekippt. Er erhob sich, ging zum Wandschrank, öffnete ihn. Dahinter war das Badezimmer. Der Aussenminister zog den klammen Anzug aus, drehte die Dusche auf und sah aus dem Fenster. Am Horizont erkroch ein schmales Licht den Himmel. Das war gut, sonst wäre es dunkel, den ganzen Tag. Nee, das wäre kein Spaß. Gegenüber, bei Mercedesbenz, ging im obersten Stock ein Fenster auf. Ein junger Mann im dunklen Anzug klomm auf den Simms, guckte kurz und sprang. Fischer sah ihm nach. Das war der sechste diese Woche. Die Fusion war wohl doch schwierig. Vorsichtig hielt er seine Hand unter die Dusche. Warm. Na endlich.

Miki hatte nicht geschlafen. Sie hatte auch nicht gedöst, nachgedacht oder geträumt. Sie hatte einfach auf dem Bett gesessen, eine Hand auf Bodos Schulter, und gewartet. Durchs Fenster wärmte sie die aufgehende Sonne, sie erblühte in ihren ersten Strahlen. Hätte sie nachgedacht, hätte sie sich Sorgen gemacht. Über den Erwachsenen, über Harald, über den Aussenminister. Aber es lag nicht in ihrer Natur, sich zu sorgen. Oder nachzudenken. Das hatte sie mit Bodo gemeinsam.

Trendforscher Mathias hatte auch nicht geschlafen. Er war die ganze Nacht durch sein Trendbüro getigert, von leerem Raum zu leerem Raum. Und hatte gegrübelt. Da waren Superideen gekommen. Zum Beispiel Zero Gravity Design: Man hat keine Einrichtung mehr, nur leere Räume, also Zero. Wenn man von allem befreit war, belastete einen nichts mehr, deswegen Gravity. Und Design, weil, es sieht ja trotzdem irgendwie aus. Gut aus. Ist klar.

Nur für den Aussenminister war ihm nichts eingefallen. Er hatte auch überhaupt keine Ahnung von Elektronik. Oder Nervenphysiologie. Oder was anderem. Aber vielleicht konnte man die Masse mit Argumenten überzeugen. Das wäre es doch: Die Rückkehr, ach was, das Comeback des guten Arguments. Motto: Sag es! Oder vielleicht besser: Say it! Oder noch kürzer: Yeah! Wie, wenn jemand gerade ein echt gutes Argument gesagt hat. Damit könnte man dann vielleicht nicht die Schweiz erobern. Zumindest nicht sofort. Aber sonst. Was auch immer.

Bodo träumte. Er träumte das, was er immer träumte. Bodo flog über das Land. Er hatte seine Arme ausgebreitet, unter ihm zogen Felder, Straßen, Wälder und kleine Orte vorbei. Er folgte einem Weg, den er kannte. Da winkte er einem Bauern zu, an dem er jede Nacht vorbeikam, nein, doch nicht, der Kerl war nicht da. Vielleicht saß er bei seinem Bauernfrühstück. Bodo flog immer weiter, er war guter Dinge, er summte ein Lied, das Wetter war auch prima. Dann kam der Berg. Bodo schaute sich um, dahinten sah er die Höhle. Und in ihr, das wußte er genau, wartete immer noch der geheimnisvolle Schatz. Er flog einen Bogen, ging etwas runter, noch niedriger, zielte genau auf die dunkle Öffnung zwischen den Steinmassen, und flog hinein.

Drinnen war es wenighell. Die Wände leuchteten leise einen schmalen Gang hinab, an dessen Ende ein warmes Licht erstrahlte. Neugierig ging Bodo darauf zu. Da öffnete sich neben ihm lautlos die Wand. Eine kleine Höhle wurde sichtbar, erleuchtet von einem Kreis von Kerzen, in dessen Mitte ein großer, steinerner Stuhl stand. Bodo betrat vorsichtig den winzigen Raum. Seine Augen mußten sich erst an die Dunkelheit gewöhnen, bis er endlich bemerkte, daß jemand auf dem Granitthron saß. Er ging näher. Es war Meiermeier.

„Hallo Bodo!" Der isländische Russe sah ihn freundlich an.

Bodo nickte. „Hallo Meiermeier. Was machst du hier? Du bist doch sonst nie in meinen Träumen."

Meiermeier schmunzelte ins Halbdunkel. „Da wäre ich mir an deiner Stelle nicht so sicher. Aber ich bin nicht zum Spaß hier. Ich muß dir etwas sagen. Und du darfst es nicht vergessen, okay?"

Bodo nickte. „Ich vergesse nie etwas."

„Gut. Es geht um Miki. Und um deinen Freund Harald."

„Oh", rief Bodo, „weißt du, wo Harald ist?"

„Ich kann dir das jetzt nicht erklären, Bodo. Aber hör mir zu, es ist wichtig. Erstens: Miki darf heute nicht zu der Parade. Das ist für sie sehr gefährlich." Bodo nickte. „Zweitens: Du mußt trotzdem zur Parade gehen. Um Harald zu helfen. Du gehst aber nicht zu dem Wagen des Aussenministers, sondern zu dem vom Gesundheitsminister. Kannst du dir das merken?"

Bodo dachte einen Moment nach. „Warum?"

Meiermeier schüttelte den Kopf. „Wir haben nicht so viel Zeit. Du mußt das einfach tun, okay? Und nimm den Elfenstein mit. Vergiss ihn nicht!" Meiermeier seufzte. „Ich weiß, das ist schwierig für dich."

Bodo schüttelte den Kopf. „Das ist nicht schwierig. Ich bin ein Superheld. Ich kann das leicht."

„Gut!" Meiermeier klang zufrieden. „Kannst du auch aufwachen?" Bodo nickte. „Dann wach jetzt auf."

„Und die Höhle?"

„Bodo, es ist wichtig. Die Höhle ist morgen auch noch da."

Bodo seufzte. „Okay." Dann wachte er auf.

Zum Frühstück gibt es Cornflakes. Die sind gut. Und die Milch. Wie sie so dick durch den Knusper schwappt. Wie eine warme Decke, die du dir um die Beine ziehst, im Garten, abends. Deine Schwester ist heute lustig. Sie schlabbert die Pampe aus dem Teller. Wie ein Hund. Den Tisch voll, die Brust, die Nase, den Mund. Du lehnst dich zu ihr hinüber, leckst was vom Tisch, von der Nase, von den Lippen. Ihre Zunge so groß, so weich, so zart. Von den Nippeln. Während sie über deinen Kopf streicht. War es damals so mit Mama? Und hat Mama wohl auch gestöhnt?

In der Villa von Doktor Knorke fiel der Morgen aus. Als die Sonne endlich ihre Arbeitshöhe erreicht hatte, waren in dem großflächigen Haus bereits großflächige Manöver im Gange. Der Wissenschaftler hatte es vor seinen Besuchern nicht zugeben wollen, doch Fischers Plan machte ihm Sorgen. Zwar glaubte er nicht, daß der Aussenminister in der Lage war, etwas zu bauen, womit man ein Ei kochen konnte, ganz zu schweigen von einer Versklavungsmaschine. Doch gerade das Scheitern seiner Ambitionen machte den Mann gefährlich. Immerhin hatte er seine Leibgarde, eine Gruppe ehemaliger Straßenkämpfer, die er in Psycho-Seminaren zu Killermaschinen trainiert hatte. Wenn der Grüne durchdrehte, würde er erst mal alle Sozis abknallen lassen. Knorke war zwar so sehr Sozi, wie Fischer Grüner, aber trotzdem. Außerdem hatte er zu seinem Schutz nur ein paar Östereicher, allesamt ehemalige Journalisten, die sich für nichts interessierten außer Essen, Prominente und lässig aussehen. Keine Gegner für Fischers Pitbulls.

Also beschloß der Wissenschaftler, dem Feind zuvorzukommen. Er rief seinen Assistenten, den er inzwischen nur noch den Erwachsenen nannte.

„Wir müßen etwas tun", begrüßte Knorke den blassen Mann im grauen Anzug. Der Erwachsene zuckte mit den Schultern.

„Die tun doch alle was." Er zeigte zur Zimmertür.

Knorke nickte. „Ich lass' sie trainieren. Vielleicht hilft's. Solange sich keiner in den Fuß schießt." Er seufzte. „Ach was. Das glaub' ich doch selbst nicht. Naja... Wir haben ein Problem. Ich weiß aus sicherer Quelle, daß Fischer einen Anschlag auf uns plant. Wir müßen ihn aufhalten, bevor er etwas tun kann."

„Schicken sie doch ihre östereichische Armee."

„Sehr witzig!"

„Ich bin kein Killer."

„Sie müßen das erledigen. Es gefährdet unsere Pläne. Das wollen sie doch auch nicht, oder?"

Der Erwachsene badete Knorke einen Moment in seinen wässrigen Augen. „Nun ja. Ich hätte eine Idee. Aber ich brauche Hilfe."

Knorke breitete die Arme aus. „Meine Macht gehört ihnen. Sagen sie, was sie brauchen."

„Zuerst mal einen ihrer Gäste."

Ein Stockwerk höher lag ein leeres Zimmer, darin Harald und Rudi auf zwei Matratzen. Rudi schlief, doch Harald hatte ausgeschlummert. Im Haus rumorte es, als würde sich eine Armee auf eine Schlacht vorbereiten. Na und? Harald ignorierte es. Er sah aus dem Fenster und freute sich über den Sonnenaufgang. Ein Moment, den er mit Martina teilen wollte. Würde. Bald. Versunken in Gedanken drehte er sich die erste Rolle. Doch beim Anzünden zögerte er. Nein, das war vorbei. Er steckte den Joint zurück ins Säckchen und sah wieder aus dem Fenster. Für ein paar Minuten fühlte er sich gut. Sehr gut sogar. Dann begann er sich zu langweilen. Ein eigenartiges Gefühl, Unruhe und Bewegungslosigkeit. Er hatte es Jahre nicht mehr gespürt. Und konnte auch jetzt gut darauf verzichten.

Sollte er Rudi wecken? Sich mit ihm unterhalten? Da ging die Tür auf. Es war der Erwachsene. Harald wollte etwas sagen, doch der graue Mann pste ihn ab. Sie gingen hinaus, die Treppe hinab, durch den Lärm, ohne jemanden zu sehen. Wie in einer Blase, die den Rest der Welt verloren hatte.

Schließlich erreichten sie den Garten. Die Sonne war warm, eine weiche Umarmung. Der Himmel blau. Es war ein guter Tag. Der blasse Mann führte Harald um das Haus zur Garage, öffnete das Tor, stieg mit ihm in einen Mercedes. Langsam rollten sie vom Gelände. Der Zivi wußte nicht, was los war. Als er an der nächsten Ampel aussteigen wollte, bemerkte er lediglich, daß der Wagen Zentralverriegelung hatte.

WUMM Miki glaubte Bodo sofort. Der große Bursche mit dem kleinen Verstand hätte sich soetwas nicht ausdenken können. Aber wie WUMM wollte Bodo allein im Gewühl den Wagen des Gesundheitsminister finden? Schwierig. Tja, ein schwerer Morgen. Zum WUMM Glück waren sie im Grand Hotel. Da gab es ein riesiges Frühstücksbüffet. Also gingen sie erstmal einen Happen essen. Zwei WUMM Stunden später sah die Lage nicht besser aus, aber, hey!, sie waren satt. Das war doch auch was wert. Auf dem Weg zurück ins WUMM Zimmer sah Miki kurz nach draußen. Auf der Straße schwappten Menschenmassen. Und dazwischen Bodo? Unmöglich!

Der Asphalt ist warm. Das weißt du. Das siehst du. Die Sonne hat sich auf ihm hin und her gerollt, schon den ganzen Morgen, während ihr euch angezogen habt. Ganz schön, extra für heute. Du trägst ein hellblaues T-Shirt von Caterpillar, braune Dockers und Nikes. Deine Schwester trägt ein silbernes Secondhand-Top, eine schwarze Secondhand-Seidenhose, und auch Nikes. Sie hat sich geschminkt, orange und lila, wie ein Sonnenuntergang. Ihr Tattoo auf der Schulter, der Löwenkopf. Und daneben ihr eigener Kopf, eine schnurrende Katze. Die Straßen bewegen sich langsam und unendlich vorsichtig. Sie öffnen sich wie Bäume ihre Arme. Oder wie deine Schwester ihre Beine. Du siehst sie wieder an, du mußt sie andauernd ansehen, schon tausendmal, noch tausendmal mehr. Ihre Lippen erwidern deinen Blick, ihr Lächeln fällt auf den warmen Asphalt, es schmilzt zu einer rosigen, perlenden Spur, die Straße hinab, die Bäume hinauf, in das Blau hinein, einen Arm um die Sonne gelegt. Sie zieht deinen Kopf zu ihr herunter und flüstert „Ich liebe dich".

Der Aussenminister erledigte schnell noch ein paar Amtsgeschäfte. Da gab es irgendein Land in Afrika, wo irgendwer verhungerte, während irgendeine Guerilla gegen irgendeine Regierung oder sonstwas kämpfte. Die Details waren ihm entgangen. Jedenfalls hatte die Regierung oder die Guerilla oder sonstwer Zugriff auf Diamantenminen und also Geld. Damit wollte man Waffen kaufen, was natürlich nicht ging. Zumindest offiziell. Fischer war langweilig. Immer dieselben Geschäfte mit denselben Unterhändlern für die ewig gleichen Konzernen. An solchen Tagen ahnte er, warum früher, als die Welt noch einfacher war, die Aussenminister eher einen Krieg erklärt hatten als eine

Verhandlungsrunde für eröffnet. Später hatten die Amerikaner noch eine wichtige Anfrage, doch es war nur Madeleine, die mit ihm ihre neue Winterkollektion durchsprechen wollte. Und daß Boris den Verstand verlor. „Welchen Verstand?", hatte er geantwortet.

Endlich konnte sich Fischer umziehen. Für öffentliche Auftritte hatte ihm der Trendforscher kanariengelbe Anzüge empfohlen, heute wollte er einen Armani. Da wußten die Leute gleich, was Sache war. Wegen dem Slogan „Grün ist jetzt gelb". Den hatte er sich nämlich ganz allein ausgedacht, der Aussenminister. Weil: Wenn er der einzige Grüne wäre, der immer Gelb trägt, und alle wüßten, daß Grün jetzt Gelb sei, würden alle denken, daß er der einzige Grüne ist und dann wäre er der Chef der Partei. Ganz einfach. War er sowieso schon, aber egal, schadet nix. Ausserdem sprang dabei noch die Single raus. Der „Grün ist jetzt gelb"-Rap. Da kam ein bißchen Kohle in die Kasse. Obwohl er das garnicht mehr nötig hatte, nachdem die Schweiz erobert war. Eigentlich. Puh, war das alles kompliziert.

Zufrieden trat Fischer vor den Spiegel. Ganz in Gelb, wie ein chinesischer König. In ein paar Stunden konnte er seine Sorgen vergessen. Dann hätte er die Maschine dieses Schwachkopfs und nie wieder Probleme. Der Schwachkopf auch nicht. Die Jungs hatten ihre Anweisungen. Die waren soverlässig. Wie früher, bei der Startbahn West. Und jetzt auch. Immer gegen den Klassenfeind. Nur daß sie alle die Klasse gewechselt hatten.

WUMM Alexa hatte abends noch ferngesehen. Schwarzweißfilme, die mochte sie am liebsten. Irgendwann war sie eingeschlafen, so daß beim WUMM Erwachen schon der TV lief. Es gab „Live On Love Parade". Müde erhob sie sich. Sie war spät dran und hatte keinen Bock. In der WUMM Glotz hüpften langweilige Mädels in Neonstretch, dazu dröhnte es, als hätte der Schlachter das Fenster offengelassen. In ein paar WUMM Minuten würde sie auch so rumhopsen. Und wozu? Für den guten Ruf! Sie tappste durch ihre schnuckelige Einzimmerwohnung, die WUMM sie sich mit süßen Setzkästen, kleinen Schaffellen, lustigen Mordillos und bunten Strohblumen gemütlich gemacht hatte, löschte WUMM den Fernseher und schaltete das Stereo ein. Im CD-Player „Best of Rod Stewart". Ein geiler Typ. Unter der Dusche sang sie mit ihm WUMM „Sailing".

Dann das Schminken. Augenringe, Drogenspuren, die Nasenlöcher

WUMM rot, die Augen auch. Zwischendurch ein Müsli. Lecker! Das Aroma hielt aber nicht lange, weil sie noch mit Bier gurgeln mußte, WUMM wegen der Fahne. Endlich war sie fertig. Sie betrachtete sich im Spiegel. Bäh, widerlich: Sie sah aus wie eine Heroinnutte. Und dieser WUMM gelbe Anzug, den Mathias ihr verpasst hatte! Aber das war wenigstens ein Lichtblick: Mathias würde heute eins auf den Sack be-WUMM kommen. Das wollte sie auf keinen Fall verpassen.

Sie fuhr mit dem Fahrstuhl in die Tiefgarage und ging zur Einfahrt. WUMM Auf der anderen Straßenseite wartete ihr Fanclub. Sie checkte noch mal alles, hatte sie ihre Pressemappe?, die Pillen?, das Tränengas?, WUMM und schlenderte dann betont schlaff zu den Kids.

„Eyyhh, Alexa, geil, wo komms'n her? Was has'n in'er Garage ge-WUMM macht?"

Alexa hob superlässig den Arm. „Da hab ich übernachtet. Mit 'nem WUMM Typen. In 'nem Cabrio. Der hatte geilen Stoff. Ich erzähl's euch. Aber ich brauch' erst mal 'nen Kaffee. Das war 'ne harte Nacht." Müde WUMM schlufften sie in Richtung Dröhn.

WUMM Sophia kam als erste beim Wagen des Gesundheitsministers an. Er war vollständig auf den Zirkus der Angst zugeschnitten. Über der WUMM Plattform stand in großen silbernen Buchstaben „Keiner kommt hier lebend raus". Darunter war eine große Fläche für den Auftritt. Ein WUMM DJ-Pult gab es nicht, denn auf der Fahrt sollten nur Voodoo-Trommeln laufen. Am hinteren Teil des Wagens klebte dafür eine WUMM Kommandobrücke. Das war der Platz für ihren weisen Pa-triarchen: Doktor Knorke. Sophia fand die Popatzigkeit widerwärtig, WUMM mußte jedoch zugeben, daß der Wissenschaftler viel Gutes bewirkt hatte. Der Zirkus war anfangs vielleicht ein Medienwindei WUMM gewesen, doch er funktionierte. Sie hatte mit genug Besuchern gesprochen, um das zu wissen. Und ein wenig stolz zu sein.

WUMM Vor dem Wagen lungerten drei von Knorkes cremefarbenen Östereichern rum. Wächter? Konnte man die Kerle wohl kaum nennen! WUMM Sie ignorierte sie, während sie einige Streckübungen machte. Es war bereits ziemlich warm, sie kam schnell ins Schwitzen. Die Kollegen WUMM trudelten ein, man plauderte, es füllte sich, auch der Fahrer kam. Fehlten nur Rudi, Doktor Knorke und der Erwachsene. Ach ja, und WUMM die zwei Burschen von gestern. Harald und Bodo. Sophia lächelte in sich hinein. Sie mochte das komische Duo. Hoffentlich

WUMM hatten die beiden ihre Freundin wiedergefunden.

Etwas gelangweilt sah sich die Artistin um. An der Absperrung WUMM drängten Schaulustige, die die Abfahrt des Zugs erleben wollten. Am Wagen des Aussenministers, direkt vor ihnen, schien es Probleme zu WUMM geben. Gerade gingen zwei Ninjas des Kanzlers rüber. Von den kleinen Asiaten bekam Sophia eine Gänsehaut. Aber die Lage war dort WUMM wohl kaum so schlimm wie weiter hinten. Bei Microsoft. Da war der Wagen abgestürzt.

Der Bass ist schwarz, tief und sicher. Du gleitest über ihn hinweg, versinkst darin, tauchst durch die ewige Nacht, wieder hoch, fährst an ihm entlang. Deine Schwester schmiegt sich an den schwarzen Lautsprecher, er ist doppelt so groß wie sie, sie möchte ihn umarmen, in ihn hinein. Du gehst zu ihr, nimmst ihre Hand. Gemeinsam bewegt ihr euch zu der Musik, der starke Bass, das Hämmern, pfeifende Sirenen, ein Mädchen singt hell und frei. Wie ihr euch im Wind dreht, in der Musik, Kreise um Kreise, Schritte um Schritte, wie sich eure Hüften berühren, die Beine einander reiben, wie ihr euch in die Augen seht. Alles in einer Bewegung, die Stadt rotiert, das Land zieht in Wellen über den Ozean, die Erde kreist, und alles nur für euch. Die Menschen starren, du fühlst die Blicke, heiße Erdbeeren auf kühler Haut, und schließt die Augen. Wie schön es ist, hier, in eurer gemeinsamen Stille.

Harald und der Erwachsene standen im Stau. Der Verkehr war komplett zusammengebrochen, selbst die bewaffneten Kleingärtner, die sonst die Stadtautobahn patrouillierten, waren verschwunden. Es sah aus, als würden sie nie wieder einen Meter fahren. Harald sah zu seinem Begleiter hinüber. Der schwitzte. „Sie schwitzen", erklärte er freundlich.

Der Mann sah gelangweilt auf. „Versuchen sie, mich zu reizen?", fragte er desinteressiert.

Der Zivi schüttelte den Kopf. „Aber ich könnte es ja mal versuchen. Wäre doch möglich, daß sie dann mit mir reden. Oder mir sagen, was sie vorhaben."

Der Erwachsene sah ihn einige Sekunden forschend an, dann schüttelte er den Kopf. „Ich weiß nicht." Er zögerte. „Sie könnten mir helfen."

„Warum? Ich meine, warum sollte ich das tun?"

„Ich habe den Eindruck, daß sie... nun ja, Ideale haben."

Harald nickte vorsichtig.

„Sehen sie. Ich auch. Ich meine, ich weiß, was sie von mir denken. Ich bin ein Erwachsener." Seine Mundwinkel verzogen sich. Harald nahm an, das zählte als Lächeln. „Ich bin sozusagen seit ihrer Kindheit ihr Feind. Aber, wissen sie, es ist nicht schlecht, erwachsen zu sein."

„Macht es sie glücklich?"

„Der Erwachsene schüttelte den Kopf. „Es geht nicht um Glück. Es geht ums... Überleben."

„Finden sie das nicht eventuell ein klitzekleines bißchen pathetisch?"

Der Erwachsene sah Harald in die Augen. „Sie waren doch früher sicherlich gegen Atomkraft, oder? Sie haben bestimmt für Wale gekämpft. Vielleicht sind sie sogar Vegetarier gewesen, wegen den Kühen. Oder den Lämmchen. Damals."

„Ich war nur ein paar Monate Vegetarier. Damals."

„Wie auch immer. Jedenfalls haben sie gedacht, sie helfen damit der Welt." Er machte eine Pause. „Aber wissen sie was? Es hat der Welt nicht geholfen. Wenn sie sich umsehen, stellen sie das schnell fest. Es gibt nichts, das hilft. Und niemanden."

„Aber sie wollen das ändern. Weil sie erwachsen sind. Lustig! Ist es nicht so, daß es schon Erwachsene gibt? Welche, die das nicht durch Strahlen geworden sind? Sondern, weil sie sich dazu entwickelt haben?"

„So wie sie? So wie Knorke? So wie Fischer? So wie alle anderen? Na los, zeigen sie mir einen. Einen Erwachsenen. Tun sie sich keinen Zwang an."

Harald seufzte. Er sah sich um. Um sie Autos vor Autos neben Autos hinter Autos. Und kein Fahrer, den er freiwillig nach einem Rat für's Leben gefragt hätte. Er schwieg. Der Erwachsene sah ihn ausdruckslos an. „Denken sie darüber nach."

WUMM Bodo hatte Spaß. Miki hatte Zweifel.

WUMM Bodo rief: „Das ist toll. Die vielen Leute. Die laute Musik. WUMM Alles bunt. Das ist toll."

WUMM Miki sagte: „Ich glaube nicht, daß das funktioniert. WUMM Unmöglich. Und der Bart kratzt."

WUMM Die beiden drückten sich durch eine Menschentraube, die WUMM wie gegossen einen DJ aus Kaltenkirchen bestaunte. Hauptsache WUMM bunt, hauptsache laut.

WUMM Bodo betrachtete Miki: „Das merkt niemand. Das sieht gut

... aus."

Miki sah an sich herab. Die olivgrüne Tarnuniform und die flache Mütze störten sie nicht. Aber dieser Bart. „Bodo, das ist alles Unsinn."

Bodo schüttelte den Kopf. „Ich bin nicht Bodo. Ich bin Flup. Siehst du, hier", er zeigte auf den neongrünen Kreis, der auf seinem gelben Anzug pratzte, „das ist ein Eff. Das steht für Flup. Das bin ich. Und hier", er wies auf Mikis Mütze, „ist eine Zero. Das heißt, du bist Commandante Zero. Weil nämlich Miki nicht auf die Love Parade darf. Commandante Zero aber doch."

Miki schüttelte den Kopf. „Ach Quatsch. Und der Bart juckt!"

Flup nickte. „Das tut er immer. Sagt Harald auch. Aber Harald sagt, das ist gut. Weil... Hab ich vergessen."

„Ich denke, du vergisst nie etwas?"

„Tu ich auch nicht. Ich hab' mir das ausgedacht. Um dich zu trösten."

Miki lächelte. Sie strich dem dicken Kerl über den Kopf. Also eigentlich über die rote Strumpfhose, die er drübergezogen hatte.

Die beiden erreichten eine Straßenkreuzung. Hier war die Menge dicht gedrängt, alle lachten, brüllten, nahmen Drogen und fassten sich an. Miki war froh, daß sie die Uniform trug. Sie schwitzte, aber wenigstens hatte sie keiner angegrabbelt.

Bodo sah Miki fragend an. „Und jetzt?"

Miki überlegte. Offensichtlich führte hier der Umzug entlang, die Leute warteten auf die Wagen. Doch aus welcher Richtung würden sie kommen? Sie sah Bodo an. „Ähm, Flup, du bist doch ein Superheld, oder?"

Flup nickte.

„Da bist du auch supergut informiert, oder?"

Flup nickte.

„Dann sag mir mal, von wo nachher die Wagen kommen."

Flup zeigte ohne Zögern nach rechts.

„Und du bist ganz sicher?"

Flup nickte. Also nickte Miki ebenfalls. Gemeinsam folgten sie der Straße. Bodo hatte Spaß. Miki hatte Zweifel.

Die Dose glänzt silbern in der Sonne, an ihrer Oberfläche Tropfen, über die Regenbogen wie Kraniche ziehen. Bevor du sie öffnest, legst du sie dir auf die Stirn. Ein kalter Stich, Wasser rinnt über dein Gesicht. Deine Schwester macht es ebenso. Dann schiebt sie die Dose unter ihr Top, du siehst die Silhouette unter dem dünnen Stoff, du kannst sie spüren, wie sie über die weiche Haut gleitet, wie sie einen feuchten, frischen, kühlen Film hinterlässt. Du schiebst deine Hand hinterher, die Haut ist kalt, aber nur für Sekunden, deine heiße Hand läßt sie schmelzen, macht sie zu warmen Schlamm, in dem du gerne versinkst. Aber nicht jetzt. Du ziehst am Ring, genau wie deine Schwester, saugst den betäubenden Duft von geschmolzenen Gummibärchen ein, zögerst einen Moment die Erlösung hinaus, läßt es endlich in dich hineinrinnen. Ein kalter Strom voll Zucker, Kraft und Licht. Du spürst, wie er sich in Sekunden in deinem Körper ergießt, wie er deine Arme füllt, deinen Bauch, deine Beine, und zuletzt den Kopf. Deine Schwester lacht. Sie hält ihre Dose hoch, weit über ihren Mund. Ein roter Wasserfall fließt in ihre Kehle und darüber hinaus, über ihre Lippen, auf ihr Kinn und ihre Wangen. Ihr seht euch in die Augen, voller neuer wilder Elektrizität. Eure Lippen auf einem Bett aus Zucker, eure Zungen ein pochender Abgrund voller Wach und Liebe. Ein kurzer Moment des Verschmelzen. Und wie ihr zittert. Deine Schwester mit Tränen in den Augen. Sie sagt „komm".

Knorke stand in einem orangenen Overall im Garten seiner Villa und wartete auf den Hubschrauber. Unter seinem Arm klemmte der Koffer mit der guten Maschine. Die Sonne lachte, der Himmel war blau. Ein schöner Tag. Heute würde er Deutschland verändern, morgen die ganze Welt. Oh ja, er wußte, woran das erinnerte. Aber er war kein böser Führer. Er würde ein guter König sein, weise und gerecht. Und sehnten sich in Wahrheit nicht alle genau danach?

Ein Knattern kam näher, der Helikopter. Zwei Minuten später flog er über die Stadt. Da unten, bei den Ameisen, war alles zu spät: Die Straßen verstopft, die Menschen aufgelöst. Doch hier oben war der Friede: Er und seine kleine Stahllibelle unter einem endlosem Firmament. Aus der Sonne ins Licht. Heute.

WUMM Fischer betrachtete sich in dem kleinen Spiegel in der Minibar. Eine Krone würde auf seinem Kopf ganz prima aussehen. Dann WUMM sah er wieder aus dem Fenster, die breite Allee hinab. Sie hatten sich keinen Meter bewegt. Was nützte eine schöne Limousine, wenn man WUMM nicht fahren konnte! Hallo Fahrer: „Wie geht's dem Verkehr?"

Der Mann drehte sich um. „Nichts." Er schwieg einen Moment. WUMM „Vielleicht sollten wir zu Fuß gehen."

Fischer sah ihn entgeistert an. Der Fahrer fing den Blick auf. „Es ist WUMM bloß ein Vorschlag. Aber wenn das so weiter geht, stehen wir heute Nacht noch hier."

WUMM Der Aussenminister lehnte sich zurück. Das lag an diesen beschissenen Tempo-30-Zonen. Die würden auch abgeschafft, gleich WUMM morgen. Er sah auf seine Uhr. Er war zu spät dran. Viel zu spät.

„Na gut. Geben sie es an die anderen durch. Wir gehen zu Fuß. Wie WUMM weit ist es denn?"

„Ein paar hundert Meter." Der Fahrer telefonierte. An der Limousine WUMM hinter ihnen gingen die Türen auf, drei schwarze Anzüge stiegen aus. Fischer ächzte ebenfalls aus dem Wagen. Die Garde stand bereit. WUMM Mürrisch marschierte der Aussenminister zwischen ihnen dahin. Ein paar hunder Meter. Scheiße!

WUMM Mathias hatte es eigentlich nicht eilig, doch die U-Bahn wurde nicht langsamer. Vielleicht hätte er doch ein Auto nehmen sollen. WUMM Dann hätte er jetzt im Stau gestanden und die ganze Sache verpasst. Obwohl es dafür keinen Grund gab. Er hatte ein super Ergebnis WUMM vorzuweisen. Gleich fiel ihm noch ein Plus des guten Arguments ein: Es nahm überhaupt kein Platz weg. Gerade in öffentlichen WUMM Verkehrsmitteln, eingequetscht zwischen Teenies in Techno-Wear, Eltern in Techno-Wear, Beamten in Techno-Wear, Rentnern in WUMM Techno-Wear und Tieren in Techno-Wear, war das wichtig. Man hatte gleich viel mehr Platz zum Atmen. Oder wen angrabbeln. Diese WUMM kleine Japanerin. Die ihm gestern das Genick brechen wollte. Die hätte er gerne.

WUMM Und aussteigen.

WUMM Erschöpft kroch der Trendforscher aus dem U-Bahn-Schacht.

WUMM Noch mehr alles, noch mehr Techno-Wear, noch mehr Lärm. Bis WUMM zur Absperrung.

WUMM „Ich bin der Trendforscher für den Aussenminister."

WUMM Ein Wächter, weiß nicht. „Was?"

WUMM „Ich..."

WUMM „Ja, schon gut, komm man rein." Ein Hamburger, wie schön!

WUMM Fischers Wagen war unübersehbar. Ein rollender Globus, die Kontinente angedeutet, darüber das Gesicht des Aussenministers in WUMM Leuchtfarbe. An den Seiten Transparente: „Grün ist jetzt gelb". Mathias zögerte. Ein guter Spruch. Aber von ihm war der nicht, oder? WUMM Weil, er hatte immer so viele gute Ideen. Da konnte man schon mal eine vergessen.

WUMM Am Ende des Wagens hinterm DJ-Pult stand Honka, daneben Benjamin. Mathias winkte froh, erinnerte sich dann aber an Alexas WUMM Behauptung.

„Ey, Kollege", rief er dem DJ mit den Mördersounds zu, „sag mal, über WUMM wen ist eigentlich „Fettspritze"? Jemand, den ich kenne?"

Honka sah ihn traurig an, dann zeigte er auf den Kopfhörer, der leer WUMM neben den toten Plattenspielern lag: „Ich kann dich gerad' nicht hören."

WUMM Mathias nickte. Typisch DJ. Da kam Alexa. Sie war mit ihrer Clique, vermutlich die ganze Nacht. Er winkte. Alexa hob die Hand, als WUMM wär sie leprakrank, als fäule sie gleich ab.

„Na, alles klar, Süße!"

WUMM Das Technogirl der deutschen Literatur starrte aus rosetten Augen. „Du kriegst heut' eins auf'n Sack", sang sie leise und unmusikalisch.

WUMM Mathias schaute herum. „Ich glaube, du übertreibst."

„Auf'n Sack." Alexa hatte Laune.

WUMM Ein bulliger Mann Mitte Vierzig trat hinzu. „Entschuldigung, ich bin der Fahrer." Mathias, Alexa und die Clique glotzten entgeistert WUMM gestört. „Ja, und ich wollt' fragen, wann es losgeht. Weil, da vorne, beim Kanzler, die sagen, in zehn Minuten ist Abfahrt."

WUMM „Nee, wir können noch nicht los", erklärte Mathias. Vom DJ-Pult winkte Benjamin aufgeregt Alexa zu. Sie ignorierte ihn. „Der WUMM Aussenminister ist noch nicht da. Und ohne den läuft gar nichts."

WUMM „Aber der Kanzler sagt..."

„Der Kanzler hat überhaupt nichts zu sagen, verstehen sie. Unser WUMM Chef heißt Fischer."

Der Fahrer drehte sich achselzuckend um und ging zu dem Wagen vor WUMM ihnen. Ein paar Minuten unterhielten sich alle, über nix, wie immer, bis zwei kleine Asiaten in schwarzen Umhängen wie aus dem WUMM Nichts auftauchten.

„Entschuldigung", erklärte der eine höflich, „wir müßen

WUMM darauf bestehen, daß wir in fünf Minuten abfahren."

Alexa sah die Zwerge abfällig an. „Wer sagt das?"

WUMM „Der Kanzler."

„Na sowas. Der Kanzler kann mich mal. Ich bin das Technogirl der WUMM deutschen Literatur und ich…"

Weiter kam sie nicht. Die kleinen Asiaten packten sie, der eine ihren WUMM Kopf, der andere ihre Beine, beide schrien einmal, dann war der Kopf ab, die Beine auch. Der Rumpf mit den Armen kippte lautlos auf's WUMM Pflaster, wo er sich in einen häßlichen roten Fleck ergoss.

Die Asiaten ließen die anderen Teile fallen, verbeugten sich lächelnd, WUMM „wir fahren in fünf Minuten", und gingen.

Alles stand still. Keiner sagte etwas. Mathias war WUMM kreidebleich, schließlich erbroch er sich auf Alexas Rumpf. Benjamin kam vom DJ-Pult und steckte mit nassen Augen Alexas Kopf in WUMM seinen Rucksack. Die anderen nahmen den Rest und verstauten ihn auf dem Wagen unter dem Globus. Der Fahrer, der von der Aktion WUMM nichts mitbekommen hatte, schaute aus dem Seitenfenster: „Fahren wir jetzt oder nicht?"

WUMM Mathias nickte stumm. Als der Fahrer den Motor anließ, brach DJ Honka endlich das Schweigen. „Ich werde dich nicht vergessen, WUMM Alexa. Ich werde ein Requiem für dich schreiben. Und es wird ein Hit werden." Für mehrere Sekunden war alles ergriffen.

Hier ist es ruhiger. Die Wagen sind weit fort, die Musik, die Menschen, die Welt. Ihr liegt im Gras, ihre hellen blauen Augen ziehen dich in ihre Tiefe. Du folgst ihnen gern. Sie streicht über deine Brust, über die Beine, über deinen Unterleib. Du machst es ebenso, du spürst, wie sie sich anspannt, wie sie sich verliert in eurem Strudel. Die Arme umeinander, die Körper aneinander, ineinander, zwei unsterbliche Wesen. Hier, in dieser Welt, in der nächsten und weiter, Meteoriten zwischen Sternen, Goldstaub unter den Fingernägeln einer schwarzen Königin, die nackt auf warmen Steinen liegt, während hinter ihr Wasser die Felsen hinabbricht, eine Robe feiner Tropfen über ihrem sanft geschwungenen Körper, bis sie aufsteht, zum Rand der Felsen, zum Rand ihres Königreichs, ein Sprung, eine Bewegung wie ein Lichtstrahl, wie die Ahnung des Erkennens, als sie in dein Wasser taucht, in Millionen Tropfen, Sonnen, Planeten, Welten und sich darin auflöst, alles, in allem, bis auf den Goldstaub, der für alle Zeiten als Erinnerung an euch durch das Universum ziehen wird.

Harald marschierte nachdenklich hinter dem Erwachsenen her. Das Auto hatten sie auf der Stadtautobahn gelassen, nun suchten sie die U-Bahn. Der Zivi hätte keine Probleme gehabt, zu fliehen, tat es aber nicht. Was war, wenn der Erwachsene recht hatte? Was konnte man tun? Und wer? Endlich fanden sie eine Station. Harald wies auf die Fahrkartenautomaten, doch der Graue schüttelte den Kopf. „Öffentliche Verkehrsmittel sollten kostenlos sein. Alles andere macht keinen Sinn."

Befremdet quetschte sich der Zivi hinter dem Mann in einen überfüllten Wagen. Alles quietschte, die Farben, die Mädchen, die Bremsen. Eine Fahrt durch die Hölle, und natürlich endlos.

WUMM Als sie ausstiegen, blieb der Erwachsene auf dem Bahnsteig stehen. Er sah Harald fragend an: „Und?"

WUMM Harald schaute sich um. Kreischende Menschen wälzten sich die Treppe hinauf, die U-Bahn ratterte davon, Bodo war Gott weiß wo, WUMM die Welt ging unter, irgendwo wartete Martina auf ihn, es war einfach zuviel. „Was wollen sie tun?"

WUMM Der Erwachsene nickte zufrieden. „Sehr gut." Er holte tief Luft. „Wir haben zwei Probleme. Zuerst der Aussenminister. Knorke WUMM nimmt ihn nicht besonders ernst. Ich sowieso nicht. Nichtdestotrotz könnte an der Sache was dran sein. Jemand muß sich WUMM darum kümmern. Das wäre ihre Aufgabe. Ich erledige derweil Knorke."

WUMM Harald sah ihn überrascht an. „Ich dachte..."

„Er kann das nicht. Er hat nicht die Größe. Was glauben sie, warum WUMM er seine Erfindung nicht an sich selbst ausprobiert hat?"

„Hat er doch."

WUMM „Die niedrigste Stufe. Wie bei ihnen. Haben sie den Eindruck, daß sie das besonders verändert hat?"

WUMM „Nein, eigentlich nicht."

„Sehen sie! Knorke will sich nicht verändern. Er weiß, daß alles WUMM anders werden muß. Aber ihm fehlt dafür die Kraft. Deshalb muß er gestopft werden."

WUMM „Gestoppt."

„Äh, ja, sicher. Jedenfalls, das übernehme ich. Während sie sich um WUMM den Aussenminister kümmern. Einverstanden?"

Harald dachte kurz nach. Er versuchte es zumindest. Es ging nur

WUMM nicht. Kein Gedanke formte sich, kein Gefühl, nix. Schließlich nickte er. „In Ordnung."

WUMM Ohne weitere Worte schoben sich die beiden Männer die WUMM Treppe hinauf. Die Menschenmenge um den Eingang schien WUMM undurchdringlich, doch der Erwachsene ließ sich nicht beirren. WUMM Stumm drückte er sich durch die Masse, Harald folgte atemlos. WUMM Endlich erreichten sie eine Lichtung. Der Zivi war WUMM orientierungslos, doch sein Begleiter kannte sich aus. In diesem WUMM Augenblick erhob sich ein gewaltiges Raunen, tosender Jubel, WUMM Gebrüll.

WUMM Der Erwachsene sah seinen Komplizen ernst an. „Das ist der WUMM Umzug. Sie kommen. Jetzt geht's ums Ganze."

WUMM Er reichte Harald die Hand. Der Zivi schlug ein. Die Hand WUMM war eiskalt.

WUMM Doktor Knorke betrachtete die Parade unter sich. Eine Zuckerspur in einer Ameisenkolonie. Alles wimmelte. Insgeheim war der WUMM Gesundheitsminister beleidigt, weil man ohne ihn losgefahren war. Aber er ahnte, wer das befohlen hatte: Der Kanzler. Der interessierte WUMM sich für nichts außer sich selbst. Der dicke Mann lächelte leise. Dem Despoten würde es auch bald an den Kragen gehen.

WUMM Er gab dem Hubschrauberpiloten ein Zeichen, runterzugehen, band sich die Ledergurte um und öffnete die Kabinentür. Die Rotoren WUMM lärmten, die Luft drückte gegen seinen Leib. Knorke hielt den Koffer mit der guten Maschine vor die Brust. Vorsichtig stand er auf, ließ WUMM sich aus dem Helikopter gleiten und rutschte langsam an einem Seil hinab. Der Ledergurt drückte, das Nylon spannte, doch alles hielt. WUMM Inzwischen hatten die Zuschauer den Auftritt bemerkt. Die Menge sah nach oben, in ihren Augen Neugier und Begeisterung. Doktor WUMM Knorke lachte, sie winkten. Der Wissenschaftler freute sich. Die Menschen liebten ihn.

WUMM Sanft setzte er auf der Plattform auf, klinkte das Seil aus, WUMM wand sich aus den Gurten. Der Hubschrauber drehte ab, die WUMM Menge applaudierte, sogar die Zirkusartisten waren begeistert. WUMM Der Minister zog den Overall aus, darunter trug er einen weiten, WUMM weissen Umhang und weiße Hosen. Sophia begrüßte ihn WUMM überwältigt. „Das war ein toller Auftritt", erklärte sie lachend. WUMM Sie meinte es ernst, ihre Vorbehalte waren komprimiert.

WUMM Doktor Knorke nickte. „Danke, meine Liebe. Ich freue mich,
WUMM daß wir alle zusammen dies heute erleben können." Er lächelte
WUMM wie ein Sonntag. „Ich glaube, wir sollten beginnen. Ich werde
WUMM euch jetzt aus dem Weg gehen."

WUMM Knorke kletterte die wenigen Stufen zu seinem Platz empor.
WUMM Die Artisten nahmen ihre Positionen ein, doch er beachtete sie
WUMM nicht. Mit einer Ruhe, die ihn selber überraschte, legte er den
WUMM Koffer auf den Boden, öffnete ihn und nahm die gute Maschine
WUMM heraus. Er schaltete sie ein, die Leuchtdioden blinkten. Das
WUMM graue Rädchen rastete lautlos auf die Einstellung
WUMM „ERWACHSEN". Dann sah er auf. Seine Zirkuskinder machten
WUMM sich für ihre erste Nummer fertig. Die Menge drängte an den
WUMM Wagen. Ein süßes Mädchen mit roten Haaren und einem engem
WUMM blauen T-Shirt winkte ihm zu. Sie war höchstens achtzehn. Na
WUMM gut, warum nicht mit ihr anfangen. Er lachte sie an, zielte mit
WUMM der blinkenden Röhre und drückte ab.

Die Sonne brennt auf euch herab, ihr Atem segelt gleichmäßig an
deinem Ohr vorbei, das Gras saugt an eurer stillen Haut. Irgendwer hat
dir mal gesagt, daß man, wenn man älter ist, nicht mehr so oft ficken
kann. Nur noch zwei, drei mal am Tag. Schon mit sechzehn. Oder
fünfzehn. Dann ist man alt. Wie das wohl sein wird? Und wie sollt ihr
euch dann lieben? Es ist aber auch egal. Weil, das ist noch so lange hin.
So weit weg. Und alles andere ist so nah. Direkt hier drin. In dir. Und in
ihr. Wie gut. Also.

Schläfst du ein.

WUMM Der Aussenminister konnte es nicht fassen. Sein Wagen war
weg. Weg. Einfach weg. Unglaublich. Der Aussenminister konnte es
WUMM nicht fassen. Er sah sich um. Die Telekom, der letzte Wagen des
Industrieblocks, rollte gerade vorbei. Dahinter kamen noch ein paar
WUMM erbärmliche Wracks, die Independents, die kein Mensch sehen
wollte. Am Straßenrand lag eine einsame Ruine. Microsoft hatte es nicht
WUMM geschafft. Fischer schüttelte den Kopf. Er konnte es nicht fassen.
Sein Wagen war weg. Einfach weg. Unglaublich. Fragend sah er seine
WUMM Begleiter an. Keiner verzog eine Miene.

Fischer ging zu dem einsamen Wächter am Tor. „Wo ist mein
WUMM Wagen?"

Der Mann duckte sich eingeschüchtert. „Die sind wech, Herr WUMM Minister. Die haben nich' gewartet. Das is'n Ding, was?"

Fischer nickte. „Wie lange ist das her?"

WUMM „Nich' so lang. Zwanzig Minuten. Wissen sie, die könn' noch nich' weit sein. Das geht hier ja sehr schnell, nich', aba späta, wenn die WUMM Leute da sind, dann fahn die ja nur noch Schritttempo. Ich würd' sagen, die holen sie ganz fix ein. Sie sind doch gut zu Fuß, so beim WUMM Marathon, das hab' ich ja gesehn. Das hat mir gut gefallen. Nur schade, daß sie ihr Fahrrad nich' dabei haben." Er lächelte WUMM unsicher.

Fischer überlegte kurz, ob er den Kerl exekutieren lassen sollte, WUMM verwarf das aber wegen Zeitmangel. Er gab seiner Garde ein Zeichen. Im Laufschritt folgten sie der Kolonne.

WUMM Miki ging es nicht gut. Mühsam schleppte sie sich neben WUMM Bodo dahin. Und mit jeder Sekunde fühlte sie sich schlechter. WUMM Der dicke Superheld hatte es auch schon gemerkt. „Was ist denn WUMM los", fragte er besorgt.

WUMM Miki schüttelte den Kopf. „Es hat keinen Sinn, ich kann WUMM nicht mehr. Du mußt es alleine schaffen. Es ist nicht mehr weit. WUMM Da vorne", sie zeigte die lange Allee hinauf, „ist der Wagen mit WUMM dem Zirkus. Da, wo die großen Buchstaben drüberstehen. Siehst WUMM du? „Keiner kommt hier lebend raus". Das sind Sophia und ihre WUMM Freunde. Das ist ihr Motto. Da mußt du hin." Sie atmete schwer. WUMM „Und ich muß gehen."

WUMM Die Elfe schloß die Augen, die Luft um sie errötete leicht, WUMM dann war sie verschwunden. Bodo starrte auf die Stelle, an der WUMM jetzt nur noch die Uniform, die Mütze und der Bart von WUMM Commandante Zero lagen. Er hob das Kostüm auf, klemmte es WUMM sich unter den Arm und ging weiter. Miki war jetzt bestimmt WUMM zuhause. Er griff zur Sicherheit in seine Hosentasche. Der WUMM Elfenstein war noch da. Gut. In der anderen Hosentasche war WUMM die Pistole. Auch gut.

WUMM Inzwischen war er beinahe beim Zirkus angekommen. Davor WUMM waren nur noch zwei Wagen. Der mit der großen Weltkugel. WUMM Und einer mit einem ganz hohen Felsen. Da stand ein einzelner WUMM Mann drauf. Wer das wohl war? Er ging an dem gigantischen WUMM Block vorbei. Doch er konnte das Gesicht nicht erkennen. Der

WUMM Mann stand direkt in der Sonne.

WUMM Dann kam die Weltkugel. Bodo schaute überrascht hinauf.
WUMM Da war DJ Honka. Und der neue Nachbar. Bestimmt auch
WUMM irgendwo Alexa. Er sah sie nur nicht. Und Benjamin. Fröhlich
WUMM winkte er seinem Ex-Zivi zu. Aber der guckte nicht. Dafür
WUMM Mathias. Er rief „Hallo Bodo". Nur nicht fröhlich. Die waren alle
WUMM nicht so lustig auf dem Wagen. Eigentlich komisch für eine
WUMM Party.

WUMM Schließlich erreichte er den Zirkus. Von weitem rief er „Juhu!
WUMM Sophia!", aber keiner hörte es. Der Lärm war zu laut. Also
WUMM kletterte er auf die Plattform. Alle sahen ihn überrascht an.
WUMM Dann zog ihn Sophia zur Seite. „Du kannst nicht einfach die
WUMM Vorstellung stören", erklärte sie ihm freundlich.

WUMM Der dicke Kerl schaute betreten zu Boden. „Tut mir leid."

WUMM Sophia nahm ihn in den Arm. „Außerdem haben sich alle
WUMM über deine Maske erschreckt." Sie zeigte auf die Strumpfhose.
WUMM „Willst du die nicht abnehmen."

WUMM Bodo schüttelte den Kopf. „Die brauch ich. Sonst bin ich
WUMM nicht Flup. Und ich muß Flup sein. Wir haben nämlich
WUMM Probleme."

WUMM Sophia nickte. „Ich weiß. Miki ist weg."

WUMM Bodo schüttelte den Kopf. „Nein, Harald."

WUMM Sophia sah ihn besorgt an. Bodo schaute derweil über ihre
WUMM Schulter zum Achterdeck. „Was macht der Mann da? Ist das eine
WUMM Laserkanone?"

WUMM Sophia schüttelte den Kopf. „Das ist nichts. Und der Mann
WUMM ist nicht ganz dicht."

WUMM Doktor Knorke kam langsam ins Schwitzen. Die Arbeit war
WUMM hart, härter als angenommen. Mindestens wie im Steinbruch
WUMM mindestens. Tatsächlich hatte er sich von der Größe seiner Auf-
WUMM gabe keine Vorstellung gemacht. Für einen Moment ließ er die
WUMM gute Maschine sinken und sah zurück. Am Straßenrand stand
WUMM eine lange Reihe schweigender junger Menschen, die fassunglos
WUMM die folgenden Wagen anstarrten. Keiner tanzte oder lachte, so
WUMM wie es sein sollte. Einige redeten, doch die meisten versuchten
WUMM stumm zu begreifen, wer, wie, wo und warum sie waren.
WUMM Manche dachten vermutlich an Hermann Hesse. Gut so: Bei

WUMM ihnen war die Aktion voll angekommen. Doch hinter den neuen
WUMM Erwachsenen drängten viele weitere frohe Menschen an die
WUMM Absperrung. Und von denen würde Knorke keinen erwischen.

WUMM Es war eben nur ein Tropfen auf dem heißen Stein. Ach was,
WUMM einem glühenden Felsen, einem brennenden Massiv, den
WUMM verkohlten Ardennen in Menschengestalt. In den letzten
WUMM zwanzig Minuten hatte der Wissenschaftler gerade mal ein paar
WUMM tausend Menschen erreicht. Von der satten Million, von der er
WUMM geträumt hatte, war er endlos weit entfernt. Er hob die gute
WUMM Maschine und verwandelte noch ein paar Teenies, bis ein dicker
WUMM Kerl auf den Wagen kletterte. Er trug einen gelben Anzug und
WUMM einen roten Strumpf über den Kopf. Ganz schön gewagt, selbst
WUMM für Techno. Knorke hatte ihn noch nie gesehen. Er nahm an,
WUMM daß Sophia ihn runterschmeißen würde, doch die kräftige
WUMM kleine Frau redete mit ihm, sie nahm ihn sogar in den Arm. Der
WUMM Minister war irritiert, konnte sich jetzt aber nicht ablenken
WUMM lassen. Von wegen: die Aufgabe! Er sah noch einmal zurück, hob
WUMM die gute Maschine... Und hielt wieder inne. Da hinten kam
WUMM Fischer. Knorke beobachtete, wie der Aussenminister und drei
WUMM seiner Killer an den neuen Denkern vorbeirannten. Die Stille
WUMM verwirrte sie offensichlich, doch die Vier hielten nicht an.
WUMM Knorke sah sich nervös um. Wo war bloß der Erwachsene?

WUMM Er schaute wieder zu den Artisten. Die taten gerade nichts.
WUMM Hatte man die Vorstellung wegen dem fremden Besucher
WUMM abgebrochen? Ach so: Der Erwachsene war angekommen. Er
WUMM stand in der Mitte der Plattform und redete auf die
WUMM Zirkusmitglieder ein. Was war da los? Warum kümmerte sich
WUMM sein Assistent nicht um Fischer? Wieso lief überhaupt alles ganz
WUMM anders als geplant? Immer! Schließlich gab Sophia seinem
WUMM Assistenten sogar ein Mikro. Wollte der Kerl jetzt etwa eine Rede
WUMM halten?

WUMM Also schwang sich Harald voll Drang auf den Wagen,
WUMM schaute sich - jetzt geht's los! - um, erkannte - wo war der
WUMM Aussenminister? - niemand, und sah schließlich Benjamin.
WUMM Benjamin? Bodos letzter Zivi stand neben dem DJ und starrte
WUMM ebenso fassungslos auf Harald. Der räusperte sich, sagte etwas,
WUMM rief, brüllte, doch niemand konnte es hören. Nicht einmal er

WUMM selber. Honkas erster Hit „Zement Moment" plasterte nämlich WUMM gerade alles voll. Auch den dicken Kerl im gelben Sacko, der WUMM hektisch auf ihn zukam, heftig auf ihn ein gestikulierte und sich WUMM endlich zum DJ wandte. Brüllen zwecklos. Der Gelbe winkte WUMM roh, alsbald rollte der Zement gedämpfter.

WUMM „Was wollen sie hier, hauen sie ab", brüllte das dicke Gelb WUMM wütend.

WUMM Harald schaute. Ruhe bewahren. „Wer sind sie?"

WUMM „Was geht sie das an? Ich bin wichtig. Ich bin Trendforscher. WUMM Ich heiße Mathias ?/&§$."

WUMM Der Zivi hatte es nicht verstanden. Es klang, als hätte sich der WUMM Mann verschluckt. Aber er wußte, wen er vor sich hatte. „Sie WUMM sind der neue Nachbar, nicht wahr? Der Typ, der bei uns den WUMM Sperrmüll abgeholt hat."

WUMM Mathias sah ihn an wie kalt geduscht. „Sie sind..." Er brach WUMM ab und schaute sich irritiert um.

WUMM Ein Klotz in einem schwarzen Anzug kletterte auf den WUMM Wagen. Er drehte sich um und zog den Aussenminister rauf. Die WUMM ungemein wichtige, um nicht zu sagen staatstragende WUMM Persönlichkeit war wütend. Unendlich wütend. Fischer wollte WUMM töten. Ach was, er würde töten. Und zwar gleich. Mit den WUMM Händen schabte er an seinem gelben Anzug, während er sich WUMM nervös umsah, wie eine Wanderratte auf der Suche nach dem WUMM Mittagessen. Schließlich blieb er an Harald hängen. „Da bist du WUMM ja! Auf Mathias ?/&§$ ist tatsächlich Verlaß." Fischer rang sich WUMM ein vergorenes Lächeln ab. „Und wo ist die Maschine?"

WUMM Mathias schob sich zwischen die beiden. „Moment mal, ich WUMM bin Mathias ?/&§$. Sie sind Herr Fischer, nicht wahr?"

WUMM Der Aussenminister schob den Trendforscher entnervt fort. WUMM „Faseln sie hier nicht rum. Verschwinden sie! Ich habe ein WUMM Geschäft zu erledigen, merken sie das nicht?"

WUMM Mathias nickte. „Jawohl, und zwar mit mir! Ich habe auch WUMM ein schönes Konzept für sie. Es heißt Yeah! Wie, wenn jemand WUMM ein gutes Agument gesagt hat. Darum geht es nämlich. Um die WUMM Rückkehr des guten Arguments."

WUMM Fischer dünstete den Mann für einen Moment in seinem WUMM Blick. „Ich habe keine Ahnung, wovon sie reden, aber sie gehen WUMM mir auf die Nerven. Wenn sie sich nicht gleich aufgelöst haben,

WUMM werden sie es bereuen."

WUMM Mathias stapfte mit dem Fuß auf. „Aber ich bestehe darauf, WUMM daß man sich mit mir beschäftigt." Er krisch. „Ich bin wichtig. WUMM Ein echter Wissenschaftler."

WUMM Fischer gab einem seiner Leute ein Zeichen. Der Mann zog WUMM seine Pistole und schoß. Mathias kippte vornüber, aus seinem WUMM Schädel lief es rot und grau. Dorthin, wo Alexas Leiche lag. Eine WUMM letzte, romantische Geste.

WUMM Harald sah fassungslos von Fischer zu dem Killer und wieder WUMM zu Fischer. Doch bevor er etwas sagen oder tun konnte, ertönte WUMM ein infernalisches Heulen. Benjamin stürzte vom DJ-Pult auf den WUMM Mörder. In der Hand der Rucksack mit Alexas Kopf. „Ich hasse WUMM euch", brüllte er, „ihr Tiere, immer nur töten, ihr Schweine, ich WUMM bringe euch alle um." Er schlug mit dem Rucksack nach dem WUMM Leibwächter. Der Mann wich mühelos aus, zog den Revolver WUMM und drückte ab. Das Einschußloch lag genau zwischen den WUMM Augen. Lautlos ploppte der Ex-Zivi auf den toten Trendforscher.

WUMM Fischer betrachtete den kaputten Haufen zu seinen Füßen. WUMM „Macht das mal weg", befahl er seiner Garde. Dann wandte er WUMM sich Harald zu. „So, und jetzt zu uns." Er war von der Aufregung WUMM etwas außer Atem. „Wo ist die Maschine?"

WUMM Harald schüttelte den Kopf, er wußte nicht was er sagen WUMM sollte. Schließlich deutete er auf den Trendforscher. „Er..."

WUMM Fischer unterbrach ihn. Er zeigte auf den nachfolgenden WUMM Wagen und murmelte „Was macht denn Knorke da? Hält der WUMM etwa eine Rede?"

WUMM Vier Kubikmeter Gier, Bosheit und stahlharte Muskeln. Sie WUMM nannten ihn auch den Panzer. Der Kanzler. Auf seinem Felsen. WUMM Ein Gott. Aber ein zorniger Gott. Weil man ihn gestört hatte. WUMM Wütend betrachtete er die Wagen hinter sich. Bei Fischer wurde WUMM geschossen. Und bei Knorke hielt wer eine Rede. Unmöglich! WUMM Nur er hielt an so einem Tag eine Rede. Dafür waren solche Tage WUMM überhaupt da!

WUMM Der Kanzler sah zu den Ninjas herab, die zu seinen Füßen WUMM saßen. „Die sollen ruhig sein", erklärte er tonlos. „Keine WUMM Schiessereien, keine Reden."

WUMM Die beiden Asiaten standen auf, sprangen von dem

WUMM künstlichen Felsen und liefen nach hinten.

WUMM Der Erwachsene stand auf dem Achterdeck neben Doktor
WUMM Knorke, in der Hand das Mikro. Der Gesundheitsminister
WUMM ruderte derweil schweigend über neue Gewässer, Backbord
WUMM Verwirrung, Steuerbord Bewunderung. So fühlte sich der
WUMM Assistent bereits als Chef. „Ich spreche zu euch", rief er, so laut
WUMM er konnte. „Zu den neuen Erwachsenen." Er winkte der
WUMM verwirrten Menge zu, die der Wagen wie eine Spur in der
WUMM Wildnis zurückgelassen hatte. Die Menschen sahen auf.
WUMM Benommen versammelten sie sich hinter dem Wagen, warteten
WUMM wortlos. Manche dachten an Herrmann Hesse.
WUMM „Ihr wißt nicht, was mit euch passiert ist, aber ich kann es auch
WUMM sagen: Ihr seid erwacht. So wie ich. Ich war der erste
WUMM Erwachsene. Und ihr seid jetzt wie ich. Ihr braucht euch keine
WUMM Sorgen zu machen, es ist gut so. Wir werden die Welt verändern,
WUMM und wir werden es sofort tun. Ab heute. Einige von euch werden
WUMM nicht wissen, wovon ich spreche. Ihr habt nie etwas gelernt, nie
WUMM etwas erfahren. Deshalb werde ich euch zuerst einmal eine
WUMM kleine Einführung geben." Der Erwachsene räusperte sich. Die
WUMM Menge schwieg. „Der Besitz der drei reichsten Menschen der
WUMM Welt übersteigt zusammengenommen das kumulierte Bruttoin-
WUMM landsprodukt der achtundvierzig ärmsten Länder der Welt,
WUMM einem Viertel aller Staaten. Dieses drastische Mißverhältnis wird
WUMM selten registriert, auch wenn jeder weiß, daß sich der Graben der
WUMM sozialen Ungleichheit im Laufe der beiden letzten, ultraliberalen
WUMM Jahrzehnte vertieft hat. 1960 verfügten die 20 Prozent der
WUMM Weltbevölkerung, die in den reichsten Ländern lebten, über ein
WUMM dreißigmal höheres Einkommen als die ärmsten 20 Prozent.
WUMM 1995 war ihr Einkommen zweiundachtzigmal höher. In mehr als
WUMM siebzig Ländern ist das Pro-Kopf-Einkommen in den letzten
WUMM zwanzig Jahren gesunken. Weltweit leben drei Milliarden Men-
WUMM schen, die Hälfte der Menschheit, mit weniger als eineinhalb
WUMM Dollar pro Tag. Noch nie gab es einen derartigen Warenüber-
WUMM schuß, doch die Zahl derer, die kein Dach über dem Kopf, keine
WUMM Arbeit und nicht genug zu essen haben, steigt unablässig. Ein
WUMM Drittel der 4,5 Milliarden Menschen, die in den Entwicklungs-
WUMM ländern leben, haben keinen Zugang zu Trinkwasser, ein Fünftel

WUMM aller Kinder nimmt nicht genügend Kalorien und Proteine zu
WUMM sich, und 2 Milliarden Menschen, ein Drittel der Menschheit, lei-
WUMM den unter Blutarmut. Schicksal? Keineswegs. Wenn man den 225
WUMM reichsten Menschen der Welt vier Prozent ihres Vermögens
WUMM nähme, könnte man mit dieser Summe laut UN-Angaben pro-
WUMM blemlos den Grundbedarf der Weltbevölkerung an Nahrung,
WUMM Trinkwasser, Bildung und Gesundheit sichern. Die allgemeine
WUMM Befriedigung der Gesundheits- und Nahrungsbedürfnisse würde
WUMM jährlich nur 13 Milliarden Dollar kosten, das ist knapp so viel,
WUMM wie die Einwohner der vereinigten Staaten und der europäi-
WUMM schen Union pro Jahr für Parfüm ausgeben..."
WUMM Weiter kam er nicht. Ein kleiner Asiate erschien neben dem
WUMM Erwachsenen, entzog ihm das Mikro und erklärte leise: „Keine
WUMM Reden."
WUMM Der blasse Mann sah ihn fragend an. „Wer sagt das?"
WUMM Der Asiate lächelte asiatisch. „Der Kanzler."
WUMM „Nun, sie können dem Kanzler sagen, daß ich fortan hier der Chef
WUMM bin."
WUMM „Moment mal", meldete sich Knorke aus dem Rettungboot. „Der
WUMM Chef bin immer noch ich."
WUMM Der kleine Asiate, der gerade den Erwachsenen abstrafen wollte,
WUMM zuckte zurück. Na, mal abwarten. Asiatische Geduld beweisen
WUMM und so.
WUMM „Sie waren der Chef", erklärte der Assistent. „Sie werden es
WUMM nicht weiter sein. Sie haben dafür nicht das Format."
WUMM Knorke hob die gute Maschine hoch. „Aber ich habe das hier."
WUMM „Das übernehme ich."
WUMM „Und mit welchem Recht, wenn ich fragen darf?"
WUMM „Mit dem Recht des Stärkeren." Der Erwachsene griff nach der
WUMM Röhre, doch Knorke ließ nicht los. Einige Sekunden rangelten die
WUMM Männer, bis der Erwachsene schließlich schwer atmend siegte. Er
WUMM legte die Röhre an und zielte auf Knorke. „Oder wollen sie viel-
WUMM leicht auch erwachsen sein."
WUMM Der Gesundheitsminister zuckte mit den Schultern. „Wenn es
WUMM sein muß, werde ich es tun."
WUMM Der Erwachsene sah ihn nachdenklich an, seine Augen wurden
WUMM Schlitze, er lächelte gemein. „Nein, ich weiß etwas besseres. Ich
WUMM werde ihnen etwas schenken. Ruhe."

WUMM Er drehte das kleine, graue Rad auf ERKENNTNIS und drückte
WUMM ab. Knorke hatte keine Chance. Mit schreckensgeweiteten
WUMM Augen erstarrte er, aber nur für Sekunden. Dann begann er zu
WUMM zucken, sein Körper, seine Arme, seine Beine, seine Augen, sein
WUMM Mund. Er fiel auf den Boden, rollte sich hin und her, Schaum vor
WUMM dem Mund. „Ich sehe es", preßte er mühselig heraus. „Ich weiß,
WUMM was es ist.... Es ist... Ach du Scheiße." Dann war er tot. Gegangen
WUMM mit ganz schönen letzten Worten.
WUMM Der Asiate sah den Erwachsenen fragend an. „Dann sind sie jetzt
WUMM also der Chef."
WUMM Der blasse Mann war noch etwas blasser geworden. Er nickte
WUMM langsam.
WUMM Der Ninja verbeugte sich. „Ich hoffe, sie haben es sich überlegt
WUMM und werden den Anweisungen des Kanzlers folgen?"
WUMM Der Erwachsene sah den Asiaten reglos an. Er war komplett aus
WUMM der Spur gekippt. „Ich..." Er schüttelte den Kopf.
WUMM Neben den beiden erschien jetzt Sophia. Sie hatte sich mühsam
WUMM die Treppen heraufgeschleppt und starrte entsetzt auf den
WUMM Toten.
WUMM „Was ist passiert", fragte sie mit einer Stimme aus Papyrus.
WUMM Keiner antwortete. „Wir müßen die Polizei rufen."
WUMM Der Asiate schüttelte den Kopf. „Keine Polizei. Das ist beim
WUMM Kanzler nicht üblich."
WUMM Sophia reckte sich zu ihrer vollen Größe. Sie war nur ein paar
WUMM Zentimeter höher als der Ninja, aber mehr als doppelt so breit.
WUMM „Niemand", sagte sie leise, aber eindringlich, „steht außerhalb
WUMM des Gesetzes."
WUMM Der Asiate betrachtete die extrabreite Ameise. Er würde ihr et-
WUMM was Wissen schenken. „Es gibt kein Gesetz", erklärte er ruhig.
WUMM „Und wenn sie Ärger machen, liegen sie gleich neben diesem
WUMM toten Herren."
WUMM Sophia wollte sich beherrschen, doch es ging nicht. Mit der
WUMM rechten Hand langte sie nach dem Wächter des Kanzlers. Der
WUMM wich aus, griff ihre Hüfte und versuchte, sie auf den Boden zu
WUMM werfen. Vergeblich. Überrascht sah er die kleine Frau an. Sophia
WUMM war amüsiert.
WUMM „Ich bringe dich um", murmelte der Ninja. Er holte aus seinem
WUMM Umhang ein blitzendes Schwert, schwang es über seinem Kopf,

WUMM Sophia hatte noch eine Sekunde zu leben, als ein Schuss ertönte.
WUMM Der Asiate fiel um, spuckte einen Klumpen schwarzes Blut und
WUMM verreckte.
WUMM Irritiert starrte Sophia auf die Leiche, dann hinter sich auf die
WUMM Kollegen. Keiner rührte sich. Alle sahen Bodo an. Der Blödmann
WUMM hielt immer noch die Pistole in der rechten Hand.
WUMM „Nicht Sophia", murmelte er leise.

WUMM Der Aussenminister schaute zurück zu dem Wagen von Knorke,
WUMM schüttelte den Kopf, beobachtete seine Leute, die die Leichen
WUMM unter den Globus schoben, wo sie noch wen Totes fanden, lachte
WUMM über den lustigen Zufall, und wandte sich endlich Harald zu.
WUMM „So, und wo ist jetzt die Maschine?"
WUMM Harald zögerte etwas, öffnete den Mund, sagte „Er...", doch
WUMM weiter kam er wieder nicht. Ein Ninja des Kanzlers schwang sich
WUMM auf den Wagen und grüßte den Aussenminister. Fischer drehte
WUMM sich knarzig um. „Was wollen sie?"
WUMM „Der Kanzler möchte keine Schiessereien auf seiner Parade." Der
WUMM Asiate verbeugte sich lächelnd.
WUMM Der Aussenminister stand kurz vor Stalingrad. „Hat der sonst
WUMM keine Sorgen, der Kanzler? Sagen sie ihm, er kann mich. Ich
WUMM schieß doch hier nicht aus Jux und Dollerei."
WUMM Das Lächeln des Ninja verschwand wie ein nervöses Häschen.
WUMM „Das wird dem Kanzler nicht gefallen. Sie werden mit Konse-
WUMM quenzen rechnen müßen, Herr Fischer."
WUMM Fischer starrte, einen Moment lang zogen Truppenlinien durch
WUMM sein Hirn, bauten sich auf und wieder ab, formierten sich neu,
WUMM schossen einander und verloren sich. Dann kam die Bombe und
WUMM das Schlachtfeld war platt. Er winkte der Leibgarde, zeigte auf
WUMM den Ninja und murmelte müde „Legt ihn einfach um".
WUMM Augenblicklich zog der Asiate sein Schwert, es sah nicht aus, als
WUMM würde er kampflos gehen. Gegenüber die Männer in schwarz mit
WUMM gezogenen Pistolen. Dazwischen Harald und Fischer. Eine blöde
WUMM Situation.

Aber dann! Die Explosion!

Alle sahen sich erschreckt um. Keiner konnte es fassen. Doch es war
so. Fischer fand als erster Worte. Doch sogar er sprach sie leise aus. „Der
Kanzler ist explodiert."

SIEBEN

In der Bikinizone

Wo ist eigentlich Rudi? Die Frage ist berechtigt, mein Kleiner, doch eine schöne Antwort gibt es nicht: Rudi ist einfach verschwunden. So ist das nun mal im richtigen Leben. Auch du wirst das eines Tages feststellen, wenn du etwas älter bist. Heute triffst du dich noch fast jeden Tag mit deinen Spielkameraden, erzählst ihnen deine Träume, Wünsche und Erlebnisse, teilst dein kleines, lustiges Leben mit ihnen. Doch das wird bald vorbei sein und deine Freunde verschwunden. Du wirst einen tollen Beruf haben, einflussreiche Bekannte und wichtige Geschäftspartner, eine Beziehung in einer fernen Stadt, einen Job in einem fremden Land, einen unbezahlten Kredit und noch einen, gesellschaftliche Verpflichtungen, ein Gesicht zu wahren, eine Stellung zu repräsentieren. So wirst du von Arbeitsessen zu Arbeitsessen hetzen, von wichtigem Termin zu grossem Empfang, von nötigem Kurzurlaub zum romantischen Wochenende mit der Freundin, die du nur einmal die Woche siehst, weil du nicht mehr Zeit hast, weil du sogar beim Sex an deinen vollen Schreibtisch denkst, und weil du ohnehin nicht häufiger als alle sieben Tagen mit ihr schlafen kannst, nicht etwa, weil deine Manneskraft dich verlässt, sondern weil du lieber in einem Loch liegen würdest mit dreißig Zentimeter Erde drüber, als jemals wieder etwas derart anstrengendes zu haben wie Geschlechtsverkehr. Oder Gefühle. Bis du eines Tages, in einem nutzlosen Moment, einen Schatten siehst, einen Ton hörst oder auch nur einen Geruch erkennst, vielleicht das Parfüm eines Menschen, mit dem du mehr geteilt hast als nur ein wenig Zeit, und so bleibst du stehen wie aufgespießt, unerklärlich bewegt von Bildern, die in Sekunden auf dich einprasseln. Vor dir erscheinen die Mädchen, die Freunde, die Träume, die Sonne, ja sogar die Spielkameraden, mit denen du jetzt noch täglich herumtobst. In den Händen halten sie bunte Gefühle, die sie wie Wimpel schwenken, Gefühle, die du einst mit ihnen geteilt hast, und so fragst du dich, bevor du dich noch rechtzeitig bremsen kannst: Wo sind all diese Menschen geblieben, die du mal geliebt hast? Doch gerade da kommt ein Kollege, er schwenkt einen Ordner mit einer enorm aussagekräftigen Marktstudie, und schon verdunstet der Moment, intensiv diskutierend eilst du einen hellen, grau gepolsterten Gang hinab, zurück in ein Leben, mit dem du andere beeindrucken willst, die da draußen, die du nicht kennst, mit denen du nichts zu tun hast, und die sich für Typen wie dich überhaupt nicht interessieren.

Die Insekten hatten einen echt guten Tag. Schon wieder. Aber dafür war der Sommer ja wohl auch da. Fröhlich summten sie um die rostroten Galuppen, angelockt von dem schweren, betörenden Duft, der schon so vielen von ihnen zum Verhängnis geworden war. Gerade schlug das Schicksal wieder hart zu: Betäubt von dem äthergleichen Getös rutschte zupps eine gelbschwarze Schrake in eine der fleischigen Saugglocken. Und weg. Eine rotgehörnte Kanute entkam nur knapp demselben Schicksal, lernte aber daraus. Man könnte sagen: für's Leben. Auf dem Boden, so dachte die Kanute, gehts gefährlich zu. Also sollte man sich vielleicht eher nach oben orientieren. Oben ist besser. Das war ein immenser Sprung für die Evolution, was die Kanute aber nicht ahnte, denn soweit war sie mental nun auch wieder nicht. Sie dachte einfach nur: naja, fliege ich mal da diesen Turm rauf. Unterwegs erzählte sie einer Libelle davon, die aber nur ein paar hundert mal desinteressiert mit den Flügeln wackelte, weil, für Libellen war das keine News. Die Kanute dagegen summte froh, die Galuppen unter ihr wurden immer kleiner, und die Sonne, die sowieso recht warm vom Himmel donnerte, war hier oben noch mal ein wenig fetter. Schön und gut. Dann war sie angekommen. Guckte sich um und versank in Andacht: Unter ihr der Wald, der Himmel darüber, und dazwischen... Gott! „Lalala" dachte die Kanute und setzte sich auf seine breite Schulter. „Hier bleibe ich." Gott war das recht. Naja, egal zumindest. Gott mußte sich nämlich gerade umsehen.

Bodo schaute in die Vergangenheit. Rechts sah er die alte Küche, wo Mama gerade kochte, vielleicht Bulletten mit Käse. Oder den kleinen Sandkuchen. Links war die Stube, wo er immer spielte. Heute waren die Sachen aber schon weggeräumt. Bestimmt, weil es so spät war. Er warf einen kurzen Blick auf seine Schulter. Dort saß ein Insekt mit kleinen, roten Hörnern, das ihn verzückt anlächelte. Das würde er nachher mal Mama zeigen.

Hinter Gott stand Harald. Er beobachtete schweigend seinen Freund. Seit über einer Stunde. Bodo hatte in dieser Zeit immer mal wieder lautlos geweint, aufgehört, ebenso lautlos, und wieder angefangen, ohne einen Ton. Ab und zu schaute der Zivi auf den grauen Betonboden vor seinen Füßen, durch den sich unaufhaltsam zartestes Gras brach. Das tröstet ihn etwas: Der traurige graue Bau würde es nicht ewig machen. Wie ohnehin alles. Irgendwann wäre er überwuchert, würde langsam zu einer Ruine, und wäre bald weg, wie Staub auf dem Schrank der fleissigen Hausfrau. Neben dem Turm gab es zwei unscheinbare, graue Flachbauten, die das erbärmliche Ensemble ergänzten. Inmitten des wucherndem Unkrauts und der unausgesprochenen Üppigkeit, die die Zukunft absehbar bringen würde, machte das triste Trio einen geradezu optimistischen Eindruck. So, als hätten es sein eigenes Elend erkannt und würde sich auf seinen Verfall freuen. Harald hätte es gerade nachvollziehen können.

Bodo betrachtete seine Füße. Die waren groß. Riesengroß. Schon immer. Früher hatte er sich oft gefragt, wie das wohl war, wenn man so einen großen Fuß überqueren muß, als Insekt vielleicht oder auf dem Weg in die Schule. Da war schon wieder eines. Eine Sarassene. Bodo guckte nach rechts. Mama wunk, das Essen würde noch dauern. Er beugte sich hinab. Die Sarassene war eine alte Freundin, Marylou, die süße Spelunke. Sie hatte nicht viel Zeit, wie immer, weil verabredet. Ist klar. Aber ein Lied, ja, das würde sie für Bodo dann doch singen. Weil er doch so traurig war. Und Insektenlieder liebte.

Harald schaute sich um. Hinter ihm blickte Sophia aus der Dachluke. Der Zivi schüttelte den Kopf, Sophia hielt den Moment kümmert inne und verschwand wieder. Harald sah hinauf in die Sonne. Das Licht fiel in die Bäume und Sträucher, ins Unterholz und Gras. Da blieb es liegen, wurde zu fettem Klee für mollige Kühe, zu Milch und Fleisch, zu neuer Energie für neue Menschen, die leuchteten bis in das hinterste Ende des Universums, und so den Zyklus ewig antrieben. Nur daß Menschen nicht leuchteten.

Marylou sang, die Luft füllte sich mit dünn vernähten Tönen, Bodo lag in einem taufeuchten Netz sanfter Harmonien. Aber auch die Kanute war entzückt. Sie beugte den Kopf vor, linste über Gottes Schulter und ließ sich schließlich fallen. Was war schon ein Platz auf der Schulter des höchsten Wesens gegen ein Lied, daß das Herz aufrichtete. Leise summte sie gemeinsam mit Marylou den letzten Refrain, und während sich ihre Fühler trafen und ihre Zukunft entschieden, erhob sich Bodo, noch einmal Marylous Lied summend, drehte sich um und lächelte Harald an. Sein Freund lächelte sehr vorsichtig zurück.

„Ich weiß das nicht", erklärte Bodo so leise, daß er es selbst kaum hörte.

Harald nickte. „Keiner weiß das." Mit weit ausgebreiteten Armen ging er auf den dicken Kerl zu. Bereitwillig versank Bodo in seinem Ozean.

Während...

einige hundert Kilometer westlich zwei handvoll Menschen aus einem Bus krabbelten, der umgestürzt auf einem Abhang lag. Die Menschen zitterten, ein paar bluteten, andere hatten sich etwas gebrochen, jeder spürte zumindest einige Prellungen. Aber das war nicht der Grund, warum sie zitterten. Die Menschen krochen über das Geröll zurück auf die Strasse, wo bereits einige Dutzend Autos standen, neugierige Zuschauer und wohlmeinende Helfer. Doch keiner der Verletzten kümmerte sich um die Menge, fragte nach Hilfe oder Schutz. Sie sammelten sich einfach nur, schweigend, und schritten dann zusammen langsam über den Asphalt. Bis dorthin. Wo es war. Das, was den Unfall gemacht hatte. Und das Zittern. Alle hatten es. Doch es war nicht wegen der Schmerzen, des Schocks oder der Angst. Das gab es für sie nicht mehr. Die Verletzten fühlten sich gut. Besser, als jemals zuvor. Und was das schönste war: Sie waren sicher, daß es den fremden Menschen neben ihnen ganz genauso ging. Ein Mädchen löste sich schließlich von der Gruppe. Sie ging darauf zu, hob es auf und hielt es über ihren Kopf. Sie lächelte. Die Menschen aus den anderen Autos kamen nun auch näher. Sie lächelten ebenfalls. Und zitterten. Doch sie fühlten sich gut. Besser, als jemals zuvor. Und sie waren sicher, daß es den fremden Menschen neben ihnen ganz genauso ging

Bodo nahm Harald bei der Hand. Er ging einen Schritt nach rechts und betrat Mamas Küche. Es war dort klein, voll und mit vielen Gerüchen. Die Mutter drehte sich zu ihnen um. Sie war nach oben hin knapp bemessen, aber dick, hatte struppelige, graue Haare und lächelte wie die schönste Frau der Welt. „Hast du jemand mitgebracht, Bodo?" Ihr Sohn nickte glücklich.

Dem Zivi wurde angesichts der kleinen Frau schüchtern. „Ich bin Harald, ich bin sein Freund", erklärte er etwas hilflos.

Mama nickte freundlich. „Und jetzt wollt ihr was essen, hm? Na, da müßt ihr euch noch etwas gedulden. Ein paar Minuten wird es dauern. Warum geht ihr nicht raus und spielt noch ein bißchen."

Bodo und Harald nickten wie abgesprochen, gingen einen Schritt zurück und standen wieder auf dem grauen Betonturm. Der Nachmittag war spät, die Hitze hatte sich etwas gelegt. Insekten füllten die Luft, auf der Flucht vor den Killergaluppen, auf dem Weg durch die Evolution. Nur noch ein paar tausend Jahre bis zur nächsten Stufe. Hurra! Bodo seufzte: „Ich bin schuld. Ich bin ein Mörder."

Harald schüttelte den Kopf. „Er hätte sonst Sophia getötet. Du hast sie gerettet. Du bist ein Held."

Bodo sah Harald verdutzt an. „Nicht der böse Mann. Der ist egal. Der ist nicht von hier. Und auch nicht von irgendwo anders. Den hat es garnicht gegeben. Ich meine Miki."

Nun war Harald überrascht. „Miki wird wiederkommen", erklärte er wenig überzeugend.

„Und wenn nicht?"

„Müßen wir Meiermeier fragen."

„Hab ich schon versucht. Er ist nicht da."

Harald verzog den Mund. Schweigen. Dann „Wir waren im Fernsehen." Bodo lächelte. Sagte er „aber nicht auf MTV." Die Miene des Blödmanns verfinsterte sich.

„Wieso nicht? Das war doch die Love Parade. Die müßen das zeigen."

„Aber nur, wenn es lustig ist. Die zeigen nicht, wenn Wagen explodieren und Leute sterben. Oder weglaufen und dann sterben. Oder Geschäfte plündern und die Polizei kommt und dann sterben."

„Aber! Und DJ Honka?"

„Der war auch im Fernsehen. In den Nachrichten. Da waren sie alle: Der Aussenminister, der tote Doktor Knorke, Alexa, der Kanzler, sogar unser neuer Nachbar Mathias."

„Der hat sich bestimmt gefreut."

„Jetzt? Wo er tot ist? Ich weiß nicht."

Während...

der Erwachsene auf einem Hinterhof zufrieden die mehreren hundert Menschen betrachtete, die ihm widerspruchslos gefolgt waren. Sie warteten auf seine Entscheidung. Er würde sie nicht enttäuschen. „Wir werden kämpfen. Für das Leben, die Wissenschaft, das Recht. Und zwar ab heute. Ich werde zwanzig von euch auswählen, die mich begleiten können. Wir werden in das Labor von Doktor Knorke fahren und nach diesem Protoyp", er hob die gute Maschine über seinen Kopf, so daß sie alle sehen konnten, „weitere Modelle bauen. Alle anderen gehen erst mal nach hause, bis sie von mir hören. Ich kann euch, wie ihr wißt, nicht direkt benachrichtigen, doch irgendwann werdet ihr mich in den Nachrichten sehen. Dann wißt ihr, was ihr zu tun habt." Anschliessend wählte der graue Mann seine Jünger. Als sich die Menge zerstreut hatte, marschierten die 21 Auserwählten zu den Laboratorien. Sie passierten mehrere Straßensperren der Polizei und der Bundeswehr, doch dank der Vollmacht des Gesundheitsministers hatten sie keine Probleme.

Harald und Bodo summten Insektenlieder. Bis sie was hörten. Sie drehten sich um, da war Sophia, an der Dachluke. Bodo wunk schwach. Die Artistin, die ein buntes, weites Sommerkleid trug, wuchtete sich auf die Plattform, überquerte die paar Meter und versenkte den großen Dicken in sich. „Du hast mich gerettet", stieß sie hervor, unwiderstehlich froh, wie Gladiolen auf einem Grab. In Sophias Armen begann Bodo erneut zu weinen. Doch nun war alles anders. Er schniefte laut, röhrte schmerzvoll, stöhnte. Immer heftiger, ohrenbetäubend, sogar die Tränen zerplatzten laut scheppernd auf der kleinen Frau.

„Es ist nicht wegen dem Mörder", erklärte Harald leise, „es ist wegen Miki. Er weint, weil er glaubt, daß er sie umgebracht hat."

Bodo rappelte sich auf, wosch einige Klumpen Nass von den Wangen und sah die beiden ernst an. „Meiermeier hat gesagt, sie darf nicht. Auf die Love Parade. Und ich habe gedacht. Wenn sie Commandante Zero ist ist sie nicht Miki. Und darf. Aber das war falsch."

Sophia nickte verständnisvoll. „Du hast dich geirrt." Bodo senkte den Kopf. „Aber das kann passieren. Alle irren sich mal."

Erstaunt sah Bodo wieder auf. „Ehrlich? Ich dachte nicht. Ich dachte nur ich. Weil ich doch blöd bin."

Sophia schüttelte lachend den Kopf. „Das stimmt. Du bist ganz schön blöd, wenn du sowas denkst."

Jetzt lachte auch Bodo. Er wosch einmal mehr über das Gesicht und sah sich um. Bäume, Wiese, ein Zaun, die Sonne, der Himmel, das Gestrüpp, Ruhe. Ab und zu gab es hier bestimmt auch Tiere. Oder mal Stücke von Tieren wenigstens, ein Hinterlauf oder eine Rute. „Ganz schön schön", erklärte er leise.

Sophia nickte. „Hier wohnen wir. Das ist die Bikinizone."

In der wirklichen Welt besteht die Bikinizone aus zwei schmalen, kahlen Streifen, die genau dort sind, wo früher die Welt zerbrach. Auf dem einen Streifen stand eine Mauer, 108 Kilometer lang, 4 Meter hoch, keine nennenswerte Breite. Auf dem anderen Streifen gab es einen Zaun, Minen, Selbstschußanlagen, Stacheldraht, Hunde und Todesschüße, weiter als man sehen konnte. Oder wollte. Beides waren Grenzen, die das Ober- und das Unterteil der Welt trennten, gut und böse, arm und reich. Heute sind die dünnen Bänder leer, überwuchert von wildem Grün und ihren Freunden. So wurde die Bikinizone zur zarten, leisen Erinnerung, weniger an die einstige Trennung, als an die Einheit, die immer unter der dünnen Oberfläche gelegen hat.

„Wir haben auch eine Bikinizone", erklärte Bodo lächelnd.

In der Welt der Geister ist die Bikinizone wesentlich schwerer zu finden. Es ist der schmale Streifen, der Orte und Zeiten trennt, Menschen, Tiere und Pflanzen. Ihr verdanken wir, daß die Welt, die, wie ihr wißt, liebe Kinder, eine Einheit ist, auch ganz vieles sein kann. So muß die Pflanze nicht gleichzeitig das Tier sein, das die Pflanze ißt. Und der Mensch betrachtet nicht nur sich selbst, wenn er einen anderen Menschen ansieht. Doch so, wie die Bikinizone alles trennt, verbindet sie auch alles. Wer sie einmal betreten hat, weiß, was ich meine. Das lernt ihr aber erst später, in der Oberstufe. Und so interessant ist es auch nicht, wenn man sich erst mal daran gewöhnt hat. Oder eine Klassenarbeit drüber schreiben muß.

„Wollt ihr vielleicht etwas essen?" Sophia lächelte die Freunde an, als sei sie selber ein leckeres Tellergericht. „Die anderen sind schon versorgt, aber es ist genug für euch übrig. Und vielleicht wollt ihr Nachrichten sehen. Alle berichten über die Parade. Und über den Kanzler."

Bodo nickte. „Der dicke Mann. Der ist explodiert."

Sophia schüttelte den Kopf. „Ist er nicht. Ihm ist überhaupt nichts passiert. Nur ein paar Schrammen."

„Und der Aussenminister?" Harald hatte den irren Grünen im Getümmel aus den Augen verloren.

„Hat ein paar Terroristen erschossen. Behauptet er jedenfalls. Könnten aber auch Touristen gewesen sein. Er ist jedenfalls der Held des Tages."

Während...
der Kanzler in einer ruhigen Minute vor dem Getränkeautomaten des

Kanzlerkrankenhauses zu eben diesem Aussenminister sagte: „Der war gut, der Auftritt. Die Weltkugel, das ist der Spirit. Andere denken das auch. Das gibt Pluspunkte. Und dann jeden exekutieren, der blöd guckt. Sowas fällt auf. Sogar dem Chef. Es wird einen Termin geben, zum Kennenlernen." Fischer versuchte garnicht erst, sein Grinsen zu verbergen.

Harald legte Sophia einen Arm um die Schulter. „Ich würde gerne etwas essen", erklärte er verhalten enthusiastisch. „Und du?" Er nickte seinem Kumpel aufmunternd zu.

Bodo seufzte. „Auch gut. Aber sonst! Was machen wir danach?"

Haralds Gesicht verdüsterte sich stellenweise. Dann lachte er. „Danach rauche ich eine Rolle. Und dann gehen wir meine Ex-Freundin suchen. Sie heißt Martina! Sie ist sehr nett, du wirst sie mögen."

Bodo nickte. „Okay. Und sonst? Was ist mit Miki? Und die anderen? Die du getroffen hast?"

Harald zuckte mit den Schultern. „Die gehen uns nix an. Der Erwachsene war ganz nett. Mit dem hätte ich mich noch gerne unterhalten. Aber er war irgendwie auch schwach. Ein komischer Kerl. Die anderen... Ist doch egal, was Politiker machen. Die sind alle geisteskrank, oder?"

Sophia schüttelte den Kopf. „Knorke war anders. Außerdem wurden wir von ihm bezahlt. Sogar das Quartier hat er uns zur Verfügung gestellt. Wir wohnen hier umsonst, wißt ihr."

„Naja, vielleicht. Was weiß ich. Miki jedenfalls... Da können wir nicht viel tun. Abwarten. Meiermeier fragen. Hast du den Stein noch?"

Bodo holte den flachen, silbern glänzenden Brocken aus der Hosentasche. „Gut." Harald strich vorsichtig über die rauhe Oberfläche. „Wir müßen warten, was der Russe sagt. Wir brauchen Geduld."

Bodo nickte ernst. „Und etwas zu essen." Alle drei lächelten. Dann kletterten sie einer nach dem anderen durch die Luke ins Haus, bis das Dach allein der Sonne, der Luft und den Insekten gehörte.

Hinter ihnen klappten einige Milliarden kleinster Teilchen oder Wellen fort, sowie die unzähligen Möglichkeiten, die sich aus ihrem Zusammenspiel ergaben, und denen die Wissenschaftler in einer seltsamen Mixtur aus bizarrem Humor und grotesker Untertreibung den Begriff Mechanik aufgestülpt hatten. Nur Marylou, die Sarassene, und Knall, der Kanute, ließen sich weiter von Licht, Energie und Materie durch einen möglichen Raum treiben, in dem sie definitiv werden und sich paaren konnten. Das geht übrigens schnell bei Insekten, und hat auch nichts mit Blumen zu tun. Sowas behaupten nur Floristen. Später lagen die beiden eng verbunden auf dem warmen Stein, die Sonne über sich, die Welt darunter, und fühlten sich gut. Marylou war etwas traurig, weil Bodo fort war, doch immerhin hatte er seine riesigen Füße mitgenommen. Uff! Die waren nämlich entsetzlich mühsam zu überqueren.

Während...

du aufwachst, im Gras liegend, das T-Shirt und die Hose etwas klamm. Doch in dir spürst du immer noch die Wärme, die dich überall und jederzeit begleitet. Deine Schwester öffnet einen Moment später ihre Augen, nur einen Spalt breit, daß sie dein Gesicht sieht und lächelt, so wie du auch lächelst, weil du sie liebst, weil du mehr Liebe hast als du je verschenken kannst. Langsam steht ihr auf, geht durch den Park, in dem nur noch Müll an die Party erinnert, seht in die tiefstehende Sonne des späten Nachmittags, hört eure gleichmäßigen Atemzüge in der stillen Luft. Es ist niemand unterwegs. Würdet ihr darüber nachdenken, würdet ihr es nicht verstehen, würdet ihr euch wundern. Aber warum solltet ihr nachdenken? Zuhause gibt es TV, Musik, Essen. Vielleicht werdet ihr zusammen baden. Im Garten wartet der Hund, er wird euch die Hände ablecken, dann werdet ihr mit ihm spazieren gehen. So wird es sein, wie jeden Tag, und weiter, denn dies ist die Zukunft, ihr seid die Zukunft, es wird niemals anders sein. Und das ist gut so.

ENDE DES ERSTEN BANDES

Wird Harald seine Freundin Martina finden?
Wie geht es Miki?
Was plant der Erwachsene?
Wer ist der Chef des Kanzlers?
Wie wird sich das seltsame Busunglück einige
hundert Kilometer westlich auf unsere
Freunde auswirken?
Wie soll man leben?
Und um was gehts es eigentlich wirklich?
All dies und mehr erfahrt ihr im nächsten
Band mit Harald und Bodo.
Er heißt:

„Harald und Bodo treffen die Erlöser"

BONUSTRACKS!

Andere Bücher sind hier zuende. Die Tollen Schmökerbücher aber nicht. Denn wir wissen, wie knapp euer Taschengeld ist und wollen euch deshalb mehr als nur den halben Spaß bieten. Aus diesem Grund gibt es in jedem Band von Die Tollen Schmökerbücher Bonustracks: Geschichten aus zukünftigen, meist imaginären Ausgaben unserer Reihe.

Diesmal haben wir für euch drei Texte aus Die Tollen Schmökerbücher Nummer 317, „Schweiz reicht", ausgewählt. Viel Spaß!

BONUSTRACKS!

Ooooh, toll!

WAS IST SEX?
DIE SCHWEIZER VERSION

Der Schweizer ist ein Bauer, er weidet sein Vieh auf den Dächern von Zürich, sagt „Gruezi" und „Gut' Nacht", dann läßt er den Blick über die Berge schweifen. So ist sein Leben und so liebt er es. Doch eines Tages ereilt ihn ein Ruf. „Bauer Wulf", ruft der Ruf (der Bauer heißt Wulf, denn seine Ahnen kommen aus dem Ruhrgebiet), und nochmal, drängender: „Bauer Wulf!" Was ist das? Der Bauer sieht sich ratlos um. Ist es Gott? Die Wildnis? Oder gar die Postmoderne? Aber nein, dahinten, auf dem vorletzten Dach, gleich hinter einem schwarzen Schaf, erspäht er den Eindringling: Es ist der Geschlechtstrieb. „Was willst du?", ruft Bauer Wulf. Der Geschlechtstrieb fackelt nicht lange: „Sex", keift er schrill, „Ficken, du Sau." Diese Worte gehen Bauer Wulf zu Herzen, denn das Herz ist ihm schon vor langer Zeit in die Hose gerutscht, und da rührt sich jetzt was, na, wenn das mal nicht Liebe ist. Aber Sex? Wie war das nochmal? Ging das? Und wie?

Bauer Wulf grübelt. Naja, fast. Er ist Schweizer, etwas langsam also, vorsichtig auch, er geht erstmal duschen. Kalt. Doch es hilft nichts. Bilder fallen ihm ein, von Menschen, denen alles absteht, Körperteile vor allem. Sie sind zu zweit. Wieso eigentlich? Was machen die? Kennen die sich? Sind die nackt? Warum? Ist das schädlich für die Nieren? Bekommt man davon Kinder? Wieviele? Wie heißen die? Kann man wahlweise auch eine Katze bekommen? Geht das auch ohne Sex? Ach ja, übrigens: Was ist eigentlich Sex?

Schwierige Frage. Wie war das noch mal? Erst mal zieht man sich aus? Wie in der Sauna? Aber ein Gang in die Sauna ist doch kein Sex. Oder doch? Naja: Männer und Frauen nackt, in schwüler Athmosphäre, bei schweißtreibender Beschäftigung? Und länger als 15 Minuten bleiben sie nicht drin. In der Sauna. Aber was ist mit dem Anfahrtsweg? Und dann noch im dunkeln? Weil: Sex hat man doch nachts. Nach einem Candlelight-Dinner: Die Kerzen glühen, der Hummer steht auf Halbmast, auf dem Kamin gibt eine Spieluhr die Schweizer Nationalhymne, draußen brennt der Mond. Der Abend nähert sich dem Höhepunkt! Da erhebt sich der Mann, er ist aktiv und braungebrannt von 10 Millionen Jahre Evolution. Er ruft: „Komm Schatz, wir gehen in die Sauna." Schnell die Handtücher eingepackt und ab in die Tiefgarage zum roten Sportcoupe. Das ist umfassend ausgepolstert mit rosa Plüsch.

Der Mann reibt sich ein wenig dran, schon droht die Stimmung umzukippen, denn die Frau hat auch einen Evolutions-Workshop mitgemacht und weiß ihre Wünsche zu ejakulieren. „Das Auto oder ich", piepst sie beleidigt. Der Mann legt sich beruhigend auf sie, dann fahren sie endlich los. Doch bald geht es nicht weiter, die ganze Straße ist voll mit roten Sportcoupes, alle wollen in die Sauna. Also zähflüssiger Verkehr und schließlich Triebstau! Ist Sex tatsächlich so schwierig?

Bauer Wulf fasst sich ans Herz, es ist immer noch in der Hose, wie praktisch. Er wird einen Experten fragen. Die Straße runter ist ein Sexshop, da läß er sich beraten, vielleicht kauft er auch gleich ein bißchen was, mal sehen. Der Laden ist leer, auf dem Tresen liegt der einzige Verkäufer, er informiert sich aus einem zerfledderten Buch über „Knallenge Internatschülerinnen", die Augen hat er geschlossen, er schnarcht. Macht nichts: Bauer Wulf singt, einer perversen Neigung folgend, das Deutschlandlied, der Mann schreckt auf, kippt vom Tresen und landet in einem Sonderposten Gummistöpsel. Bauer Wulf lächelt artig: „Ich hätte gern Sex", brüllt es aus seinen hochgebirgsgestählten Lungen. Der Verkäufer ist unwirsch. „Geh doch ficken", murmelt er mürrisch. Doch schließlich zeigt er sein Sortiment. Alles ist aus Gummi oder Plastik oder Leder, viel zu klein, viel zu dünn, viel zu eng und irre teuer. Für den Preis von zwei mal Schnur mit drei Quadratzentimeter Stoff bekommt man woanders eine ganze Hose, so wie Cowboys sie anziehen, bevor sie mit ihrem Pferd Zigarretten holen reiten. Dann gibt es noch Magazine, aber darin sind alle Leute nackt, so daß man nicht weiß, ob sie modern und also überhaupt relevant sind. Schließlich hats noch ein Stück Gummi, einen halben Meter lang, dick wie eine Dauerwurst. „Fleischfarben", erklärt der Verkäufer stolz. „Und abwaschbar." Na und? Bauer Wulf ist nicht beeindruckt: „Abwaschbar bin ich selber. Fleischfarben auch."

Na, das war wohl nix. Jetzt kann nur noch einer helfen, der beste Freund des Menschen: der Wissenschaftler. „Herr Professor", fragt Bauer Wulf im Lack- und Ledertrakt der Alpenuni, „was ist Sex und wo krieg' ich was her?" Der Professor ist jung, schnell und gutaussehend, er arbeitet hauptberuflich in einer Soap. Eilig zieht er sich die Hose hoch, steckt sein letztes genetisches Experiment (sechs feuchte Öffnungen) zurück in den Käfig und lächelt wissend. „Ja, liebe Kinder", sagt er mit einer Stimme wie Sirup auf Sahnepüree, „kommt doch ruhig etwas näher und macht euch schon mal frei, die Mädchen bitte zuerst." Durch die Tür drängen zwölf Bravogirls auf Plateauschuhen, sie füllen den Raum mit leisem Geschnatter und dem Geruch der Sehnsucht, dann drängen sie den Soap-Professor auf eine Liege in der Ecke. Bauer Wulf bekommt inzwischen Zeitschriften, da soll er was draus lernen. Zum Beispiel vom „amerikanischen Magazin für forensische Medizin und Pathologie". Das berichtet über einen Mann, der Zement mochte. Sehr sogar. So sehr, um genau zu sein, daß er sich was anmischte, einen Trichter nahm und sich die gane Portion in den Hintern drückte. Später war der Zement hart, ging nicht mehr raus und mußte operativ entfernt werden. Das kann passieren. Ein Foto vom Zementpfropfen ist auch dabei, weil es ein wissenschaftliches Magazin ist und man sowas vielleicht noch mal für die Forschung braucht. Auch beim „Journal für forensische Wissenschaft" kennt man interessante Leute: Es berichtet von einem ehemaligen Armeeangehörigen, der sich nackt an seinen VW-Käfer kettete und hinter ihm herlief, bis er, sagen wir mal, unter die Räder kam. Mit Bild vom Käfer. Ein ganz süßes Auto. Ist ja auch kein Mensch, muß also keinen Sex haben. Andere müßen, und zwar koste es, was es wolle, und sei es das Leben: Der eine schnürt sich ein paar Plastiktüten um den Kopf, ein anderer rollt sich komplett in 15 Decken ein, viele, viele, viele binden sich selber fest, und niemand, aber auch wirklich niemand, macht sich Gedanken, wie man nachher aus dem Schlamassel wieder rauskommt. Oder wie das mit dem Atmen ist. Da fragt man sich schon: Ist das noch Sex?

Nun ja: Vielleicht! Bauer Wulf denkt an seine Schafe. Die spielen manchmal aufhängen. Ein Schaf wird aufgehängt, die anderen springen drauf. Das ist natürlich Quatsch, das hat er sich nur so ausgedacht, der schlaue Bauer Aber ist da nicht trotzdem was dran? Bauer Wulf erinnert sich an die Erektionen der Gehängten, die letzten wohligen Seufzer der Geköpften, die Spermaspuren auf den elektrischen Stühlen, und all die Pistolen, Gewehre, Geschütze mit den jungen Männern dahinter, die auf ihren Moment lange gewartet haben, die zittern, weil sie nun schießen dürfen, tief hinein ins Feindesland, jeder Schuß ein Genuss, bis sie endlich einmal zu langsam sind, einen Moment ungläubig ihren plötzlich aufgerissenen Körper hinabstarren und dann bemerken, daß es garnicht so schlimm ist, im Gegenteil, plötzlich ist es weich und warm und still, und so wälzen sie sich am Boden, befruchten blut- und schweißüberströmt die Erde, von der sie nie etwas wissen wollten, sterben röchelnd, zuckend, bebend, an geheimnisvollen Körperöffnungen, aber nicht an denen, die zu füllen sie ihr Leben gewidmet hatten. Manche helfen sogar nach, Autoex heißt das für Männer vom Fach, Selbstexekutionen, der letzte Kick. Kollektiv nennt man es Krieg. Bauer Wulf begreift. Er ist Schweizer, zuhause hat er ein Gewehr, nebenan ist Liechtenstein, da wird es jetzt wohl Krieg geben. Besser als gar kein Sex, oder?

Oha! Sollte unsere Geschichte ein böses Ende nehmen?

Aber nein. Da kommt der Bürgermeister von der Schweiz, er trägt nur einen Tangaslip, links und recht hängt ihm was raus, vorne steht es ab, komisch sieht das aus, aber was soll man machen, das ist eben die Nationaltracht. Scharf mustert er Bauer Wulf:
„Was geht da vor, Spitzbube? Du heckst doch was aus."
Bauer Wulf guckt trotzig. „Krieg!", ruft er aufgeregt. „Ficken! Jetzt geht's los. Spaß für alle."
Der Bürgermeister schüttelt den Kopf. „Wulf du bist ein Hunne", erklärt er lächelnd. „Deine Vorfahren waren Hunnen, deine Verwandten sind Hunnen. Aber du Wulf, du bist hier in der Schweiz. Sieh dich doch mal um. Sieh die fröhlichen Bären auf den Bergen, die ins Tal rollen, mit dem Fell wohlig durchs dichte Gras. Sieh die Bäume, die sich einander zuneigen, bis man sie kaum unterscheiden kann, ein Wald, ein Ort der Nähe und des Verstehens. Und sieh die Menschen, die sich ohne Angst begegnen, die sich lächelnd in und auf den Arm nehmen, die brüllen und flüstern, in den Himmel sehen und auf die Erde, allein, zu zweit oder zu vielen, die schlafen, arbeiten, träumen, sich begegnen und berühren, umarmen, küssen und lieben, und bei all dem, bei jeder Bewegung, jedem Wort erschauern angesichts der Einfachheit, der Leichtigkeit, dem Fehlen der Angst, denn sie leben im Frieden." Der Bürgermeister sieht den Bauern traurig an. „Wulf, du bist armer, kleiner Hunne. Du hast keine Ahnung. Krieg ist Angst. Krieg ist nichts. Krieg ist Ficken. Frieden dagegen ist Leben ohne Angst. Frieden ist richtig. Frieden ist Sex."

Einen Moment stehen die beiden Männer still nebeneinander. Bauer Wulf, der nun schlauer und außerdem sehr gerührt ist, verdrückt eine

Träne, dann einen Käse und küsst schließlich den Bürgermeister. Danach rollt er kurz durchs Gras, weil man das in der Schweiz so tut. Dann kehrt er zurück zu seinen Schafen, denn er will ihnen erzählen, was er gelernt hat. Aber die dummen Dinger spielen wieder aufhängen und hören nicht zu.

DREI SCHWEIZMÄRCHEN

1

DER LISTIGE TOD

Es war einmal ein junger Mann, der starb, weil es seine Zeit war und auch, weil es sich so ergeben hatte. Da kam der Tod, um ihn zu holen, so wie es immer geschieht, doch der junge Mann wehrte ab: „Halt ein, Tod", rief er mit lauter Stimme. „Ich werde nicht mit dir gehen, denn ich weiß nicht, wohin du mich bringst. Hier fühle ich mich wohl. Und du weiß, wie es ist: Alles ist besser als der Tod."

Der Tod aber schüttelte lächelnd den Kopf, denn er wußte, daß die Worte des junge Mannes unbedacht waren und nicht persönlich gemeint. „Mein junger Freund", sprach er, „beruhige dich. Du hast nichts zu fürchten, denn dein Leben war kurz und deshalb fast ohne Fehl. Also magst du selber auswählen, wohin ich dich bringe."

Jetzt war es an dem jungen Mann, den Kopf zu schütteln. „Nun gut, Tod", murmelte er verblüfft. „Ich will dir vertrauen. Außerdem: Was habe ich schon zu verlieren. So laß uns dann gehen."

Da lächelte der Tod zufrieden, nahm die Hand des jungen Mannes und flog mit ihm über das Land. Nur einen Augenblick später landeten sie in einer kleinen, beschaulichen Gasse. Alte, reich verzierte Häuser säumten den Fußweg, holperiges Pflaster zwang den Spaziergänger zu langsamen, gemessenen Schritten.

„Was ist das hier", fragte der junge Mann.

„Dies ist die Angst vor dem Sterben der Eltern", antwortete der Tod.

Der junge Mann erschauerte. „Hier möchte ich nicht sein", erklärte er bestimmt.

Also zogen sie weiter. Sie kamen zu einer größeren Straße, die gesäumt war von Wohn- und Geschäftshäuser in lichten Pastellfarben. In den Fenstern prangten weiße Gardinen, die Fußgängerwege waren frisch gefegt, die Autos am Rande der zweispurigen Fahrbahn blitzten in der Sonne. Selbst die sorgfältig geschnittenen Bäume leuchteten wie lackiert.

„Was ist dies", fragte der junge Mann.

„Dies ist die Angst vor dem Urteil der Anderen", antwortete der Tod.

Der junge Mann grinste. „Hier habe ich nichts verloren", erklärte er.

Als nächstes erreichten sie ein große Straße voller Autos, aufblitzender Ampel und nervösen Neonlichtern. Dort sahen sie hohe Häuser aus Glas und Stahl, in denen grober Unfug verkauft und verwaltet wurde, Schmuck und Kosmetik, Raum- und Nierenschoner, Autos, Aschenbecher und das Wissen ohne Leben.

„Kenn' ich", sagte der junge Mann.

Der Tod ignorierte ihn. „Dies ist die Angst vor dem Erkennen der eigenen Schwächen", erklärte er.

„Ist mir egal", anwortete der junge Mann. „Mir gefäll es hier nicht!"

„Nun ja", murmelte der Tod. Und „nun gut". „Aber viele Orte stehen nicht mehr zur Auswahl."

„Aha", anwortete der junge Mann. „Sag ich doch. Etwas besseres als den Tod..."

„Jaja, schon gut", unterbrach ihn der Tod ärgerlich.

In der nächsten Straße waren die Häuser kaum zu sehen. Hohe, frisch geschnittene Hecken prägten die ruhige Sackgasse. Dahinter waren eben noch einige große Villen zu erkennen. Hier hatten auch die Autos ein Zuhause in geräumigen Doppelgaragen, so daß kaum ein Wagen auf der Fahrbahn stand.

„Ziemlich ruhig hier", stellte der junge Mann fest.

Der Tod kicherte. „Stimmt. Und ist es nicht ironisch. Denn das hier ist die Angst vor mir." Er kicherte wieder.

„Mann, Mann, Mann", murmelte der junge Mann. „Das kann es ja wohl auch nicht sein."

„Na gut", erklärte der Tod unwirsch. „Ich habe es mir schon gedacht. Kommen wir also zum letzten Ort."

Und so landeten sie am Ufer eines Flußes. Hinter ihnen sahen sie enge kleine Gassen, gegenüber erhoben sich einige hochmütige Glashäuser, auf den Hügeln erkannte man geduckte Wohnstraßen und ein paar einsame Villen. Doch überall waren Menschen, die sich ansahen, freundlich grüßten und zulächelten. In Cafes wurde geschwatzt, auf einer Brücke rauchte man Hasch, Techno ertönte aus einem luftigen Penthouse-Keller, und an einem See, nicht weit entfernt, warf man Politik, Kultur und die eigenen erschöpften Körper in das erfrischende Nass.

„Das sieht gut aus", stellte der junge Mann lächelnd fest.

„Das ist die Lust, weiterzumachen, trotz all der blöden Ängste",
erklärte der Tod. „Das gefällt so manchem."

Der junge Mann nickte. „Ich finde das auch gut. Hat es einen
Namen?"

Der Tod nickte. „Das ist Zürich", erklärte er bedacht.

„Zürich", rief der junge Mann begeistert. „Das ist in der Schweiz.
Super, hier bleibe ich. In die Schweiz wollte ich schon immer."

Der Tod lächelte. „Sehr gut. So soll es denn sein. Hier wirst Du
bleiben, bis dich ein anderer Tod holt." Er machte eine Pause. „Aber ich
gebe Dir einen Rat: Sei bei dem nächsten Tod etwas vorsichtiger. Wir
haben alle die Neigung, euch Sterbliche reinzulegen."

„Aber wieso denn", rief der junge Mann. „Du hast mir verschiedene
Orte gezeigt. Und ich habe mich für die Schweiz entschieden. Wo ist der
Trick?"

Der Tod lachte. „Die anderen Orte waren auch die Schweiz." Und mit
diesen Worten verschwand er. Der junge Mann jedoch ging fortan
vorsichtiger durchs Leben.

DER WEIBERMARKT

Es war einmal ein junger Mann, der sagte „Die Angst und ich leben auf verschiedenen Planeten", denn seine Heimat war die Schweiz. Aber außerdem war er auch tot, weil es sich so ergeben hatte, und also allein, denn die Toten sind, wie man weiß, einsam. Eines Tages jedoch wurden ihm die Tage in seinem kleinen Zimmer zu schwer, der Blick auf den leeren Stuhl zu lang und das nächliche Schweigen des Doppelbetts zu laut. Und so beschloß er, ein Weib zu suchen.

„Eine Schweizerin", schrie er aus dem Fenster, „was ich will, ist eine Schweizerin. Gebt mir eine Schweizerin."

Da erschien in seiner Stube eine seltsame Figur: ein nacktes Wesen ohne Geschlechtsteil, ohne Augen, ohne Ohren und ohne Haare. „Ich bin die Schweiz", sagte es. „Ich bin unabhängig, denn ich kann nichts sehen, nichts hören und nichts fühlen. Doch ich kann Wünsche erfüllen. Deinen zum Beispiel. Du willst eine Schweizerin? Ich gebe dir eine Schweizerin."

Er hob die Hand und vor dem jungen Mann erschien eine junge Frau in einem dunklen Hosenanzug. „Ein Bankrock-Gitarristin aus Zürich. Ihre schönsten Lieder spielt sie auf Devisen."

Er wedelte mit der Hand. Eine weiteres Mädel erschien, diesmal in Jeans und Pullover. „Eine Dampfbucke aus Bern. Sie weiß nicht, was sie sagt, aber sie meint es heiß und innig."

Die nächste trug ein Kleid aus Frühlingsblumen. „Eine Duftfontane aus dem Wallis. Sie veredelt deine romantischsten Momente mit berauschenden Ölen."

Eine weitere sah in einem knallbunten Anzug aus wie ein Karussel: „Diese Graubinderin kommt aus Sion. Mit ihr wirst du keine dunkle Stunde mehr erleben."

Es folgte eine Mitdreißigerin in einer weiten Strickjacke. „Hier haben wir eine Dürrenmette aus Neuburg. Auch den schrecklichsten Momenten des Lebens ringt sie noch einen Scherz ab."

Das nächste Weib, eine stämmige Mitvierzigerin in einem grauen Mantel, erschien mit einer kleinen Verzögerung. „Langsam, aber stetig: eine Glazinerinn aus Zermatt. Sie wird dafür sorgen, daß es in deinem Leben stets vorwärtsgeht - wenn auch nicht zu schnell."

Als letzte erschien schließlich eine nackte Zwölfjährige mit riesigem Busen und Diamanten zwischen den Beinen. „Das Puff aus Genf. Wenn es nur um Sex geht."

Der junge Mann sah sich erschöpft um. Die Dampfbucke und die Duftfontane schwelgten gemeinsam in Erinnerungen aus der Kindheit. Die Graubinderin und die Dürrenmette blätterten kichernd in einem Jahresbericht von Amnesty International. Die Bankrock-Gitarristin versuchten, dem Puff die Diamanten abzuschwatzen. Und die Glazinerin stemmte sich ächzend gegen die Wand.

„Nein, nein, nein" murmelte der junge Mann. „Eigenschaften habe ich selber. Alles, was ich will, ist ein Weib. Jemand die neben mir liegt, neben mir läuft, neben mir ißt. Die immer da ist, die mich bindet mit ihrer Anwesenheit und knebelt mit ihren Worten. Die mich überwältigt mit ihrer Entscheidunglosigkeit und niederringt mit ihrem Desinteresse. Ich will eine Frau, die da ist, weil sie nichts anderes kann und hat und ist. Neben der ich verschwinden kann, so wie sie, eigenschafts- und willenlos, eine leere Tüte, vom Wind davon getragen, über die Brücke, in den Fluß und vergessen. Ich will verenden und dann weiter, vom Ende verfolgt über das Ende hinaus, jenseits der Leere, wenn nichts mehr da ist als die Erinnerung und der Wille, nichts weiter zu wollen, außer vielleicht das schnellste Auto der Welt, mit dem ich davonrase auf einer sinnlosen Flucht, denn neben mir sitzt mein Weib und blickt mich an, mit meinen Augen, in denen ich nur ich bin, also nichts."

Die Schweiz nickte mit dem Kopf. „Ich verstehe", sagte sie. Sie machte eine Handbewegung und die Schweizerinnen verschwanden. „Für dich habe ich ein besonderes Angebot."

Und in dem kleinen Zimmer in der großen Stadt erschien ein Panzer. Der junge Mann aber verstand. Er wurde Soldat, wie alle, die den verzwei-felten Traum vom Ende ohne Ende träumen und wartete auf den Krieg. Und wenn er mal ficken wollte, fand sich immer ein Kanonenrohr.

DIE LETZTE SCHÖPFUNG

Es war einmal ein junger Mann, der hatte nichts zu fürchten, aber auch nicht mehr viel zu erwarten, denn er war tot und außerdem lebte er in der Schweiz. Das aber, so merkte er bald, war nicht genug. Denn das Land schien blau und unnahbar, die Städte müde und grell, der Himmel gar vernarbt und zerschlissen, nicht zuletzt von seinen suchenden Blicken. Also beschloß er, fortzugehen. Er packte sein Bündel und verließ den Ort, die Stadt, den Planeten, ja, sogar die Schweiz. Er marschierte und marschierte, immer weiter, bis zu Gott.

Gott war, wie immer, nicht da.

Doch der junge Mann ließ sich nicht beirren. Er rief: „Ich habe eine Frage an dich, Gott! Antworte mir oder ich werde dich töten."

Gott aber antwortete nic ht, so wie es seine Art ist. Also tötete ihn der junge Mann. Dies machte ihm ein sehr gutes Gefühl, so daß er sogleich neue Opfer suchte und weitermordete, sechs Tage und sechs Nächte lang, bis es nichts mehr gab. Die Schöpfung war vergessen und der junge Mann stand im Dunkeln.

„Naja", dachte der junge Mann, der ahnte, daß das nicht die Lösung war. Also zögerte er nicht lange, erdachte sein eigene Schöpfung, baute sein eigenes Paradies und machte sich selbst zu Adam, auf daß er für immer dort leben möge. Doch auch in diesem Paradies gab es eine Schlange. Und einen Baum, eine gezischelte Versuchung, eine Frage und eine Antwort. Die Schlange antwortete: „Es ist eine herrliche Frucht. Nein, kein Apfel, viel besser: Es ist Geld."

Und so aß der junge Mann das Geld, und im nächsten Moment verwandelte sich das Paradies wieder in die Schweiz. Also war alles wieder wie vorher. Nur Gott war diesmal ganz sicher tot.

SCHWEIZ REICHT

ES GILT DAS AUSLAND ABZUSCHAFFEN

Es gibt 185 Länder. Aber nur eine Schweiz. Ungekehrt jedoch wäre es besser. Das ist allgemein bekannt. Der Mann auf der Straße weiß es. Er geht was essen, lecker Rösti, denn er weiß, daß er das kann, weil er Schweizer ist. Ißt. Andere haben es nicht so gut. Das zeigt auch ein Forschungsprojekt an der Universität Berlingen in Stockholm. Der weltweit anerkannte Radiologe Lasse Skjrol entdeckte in langen Versuchsreisen die seltsamen Topazstrahlen. Diese Strahlen dringen in jede Körperöffnung und lösen dort unverhörbare Reaktionen aus. Sie sind zurückzuführen auf ein Phänomen, daß der Forscher Wilhelm Reich in den 50er Jahren entdeckte. Doch damals vernichteten Beamte von FBI, CIA, ESA und NASA die dokumentierten Ergebnisse. Genau wie bei John Lennon. Und so geschah es auch Skrjol. Seine Gelder wurden in letzter Minute gestrichen. Die Papiere sind unauffindbar. Man weiß nicht, warum. Wäre das auch in Die Schweiz passiert? Wohl kaum! Hier kann man sich in den Bergen verstecken. Viele tun das auch. In tiefen, dunklen feuchten Höhlen. Manche sind sogar behaart. Der Japaner Ikuri Kemosi erlebte das in letzten Jahr. Er fuhr nach Luzern und traf sich mit Schweizer Polizisten. Er zeigte Verbrechen gegen die Menschlichkeit an und gegen Sibylle Berg, wohnhaft in Zürich. Die Schweiz muß sich jetzt darum kümmern, denn sie ist die Weltpolizei geworden. Früher machte das amerika. aber seitdem die

122

Lasse Skrjol aus Stockholm, der auf diesen Gebiet seine einzige Kapazität ist. Doch inzwischen war etwas anderes passiert. Der Japaner Ikuri Kemozi, der in Japan die höchste Sicherheitsstufe führte, hatte eigene Nachforschungen angestellt. Dabei verunglückte er tragisch in Frau Bergs Höhle. Sie war so klebrig, daß er sich daraus mit eigener Kraft nicht befreien konnte. Er erstickte jämmerlich. Dies war ein Unfall und so ist es auch in den Protokollen der Weisen von Zion festgehalten. Dennoch fragen sich jetzt berechtigterweise viele Menschen, was wäre, wenn es nichts gäbe außer Die Schweiz. Man muß sich das vorstellen wie in einer Kneipe. Alles ist voll, laute amerikanische Musik, die Leute drängeln, schlechte Luft, die Frauen wollen auch nichts von einem wissen, man versucht es immer wieder, aber was soll man tun, eines Tages werden sie erschlagen, das wird man sehen. Doch hinter den Tresen steht ein zufriedener Mann. Es ist Dieter Meier. Er trinkt einen Enzian, zu seinen Füßen kniet ein blondes Mädchen, ein leichter Wind weht durch seine wenigen Haare, still ist es hinter der Bar und mild, das Mädchen hat den Mund voll. Und so ist es in Wirklichkeit. Die Kneipe ist die Welt, aber der Platz hintern Tresen ist Die Schweiz. Doch kann man überall Tresen aufstellen? Viele sagen, die Welt ist nicht so. Aber sie irren. Der berühmte Forscher Wilhelm Reich baute eine Maschine, mit der man das Andern kann. Er nannte sie Orgon-Akkumulator. Es ist eine Kiste, man setzt sich da rein und schnell wird einen anders. Nackt! Man muß sich das vorstellen. Mit Frau Berg. Doch Wilhelm Reich starb in Nevada in einem atomaren Testgebiet. Und seine Maschine wurde vernichtet. Der Papst besitzt noch eine. Er gab sie Che Guevarra bei seinem Besuch auf Kuba. Nein, Fidel Castor. Che Guevarra wurde ermordet. Genau wie John Lennon. Auch John Lennon war gerne nackt. Alle fanden das normal. Keiner hat ihn auf der Straße angehalten und gesagt, so geht das nicht, ziehen sie sich was an. Die

Die Schweiz ist es anders. Und der reiche. SCHWEIZ RECHT. SCHWEIZ REICHT. Alle wissen das. Der

nackte Mann auf der Straße protestiert für sein Recht. Wer etwas zu laut sagt, hört seine eigene Stimme, das ist nicht immer angenehm, aber besser als die anderen Stimmen, die andauernd da sind. Der Schweizer Zöllner Adolf Muschg hat dafür Verständnis gezeigt. Er ist ein guter Mensch, dies gilt es anzuzeigen. Doch auch er ist bedroht. Denn neben den freudespendenden Topazstrahlen gibt es auch die bedrohliche Dör-Energie. Sie ist vor allem in Wolken zu finden und spült alles fort, sogar die männliche Kraft. Der Forscher Lasse Skjrol aus Stockholm kann aber helfen. Er hat ein Mittel entwickelt, das alles ungesehen macht. La steht er wieder. Der Schweizer. Und die Welt lacht nicht mehr. Natürlich muß man sich trotzdem vorsehen. Aber auch CIA und FBI und USA können die wundersame Heilung nicht verhindern. Sie lesen davon höchstens in der Zeitung. aber in Die Schweiz kommen sie nicht rein. Das kann nur Der Schweizer. Und so war es von Anfang an gedacht. Es steht so in den geheimen Protokollen der Weisen von Zion. Frau Berg kann sich also beruhigt zurücklehnen. Sie braucht das Bett nicht zu verlassen. Und die für abschließen auch nicht. Denn du kommt sonst niemand außer Dieter Meier. Mit seiner eigenen harten Währung. Er ist auf den Weg in die Berg. Die Garde begleitet ihn. Sie wollen Die Schweiz erleben. Das hat sich Der Schweizer verdient. Denn die Topazenergie überflutet das Land. die Hügel und Täler und Senken und Höhlen und Falten und bis in die Spalte ist alles von einem dünnen Film überzogen und wird ganz hart, so daß man es ablecken muß, bis alles sauber ist, keinen Flecken mehr, wenn der Regen beginnt, wenn es

nicht der nationale Sicherheitsrat. Dafür sorgt der Forscher masse dafür. **Der Schweizer.**
Deshalb sagt auch er **SCHWEIZ REICHT**. Denn er weiß, wie er steht. **Der Schweizer.**
Dies gilt es anzuzeigen. Man weiß nicht warum.

FREIZÜGIGKEIT FÜR ALLE!

WEG MIT DEN GRENZEN DIE MENSCHEN TRENNEN!

Wir suchen Menschen, die nicht schreiben können - und die das auch nicht ändern wollen

Reicht es ihnen nicht auch mit all diesen Besserwissern? Kaum schreiben sie mal einen Abschiedsbrief, ein letztes Memo für ihren Nachfolger, ihr Testament oder eine Liste der Menschen, die an ihrem Tod schuld sind, stehen sie schon neben ihnen und nörgeln: „Wer nämlich mit h schreibt ist dämlich." Oder: „Trenne keine Konsonanten, die nicht vorher für sich standen." Oder: „Wer braucht ein Herz, wenn es auch ohne geht." Und so weiter. Doch jetzt können sie diese geistigen Putzteufel zurückschlagen.

Mit einer neuen, unschlagbaren Waffe: Ihrer ganz eigenen Rechtschreibreform!

SO WAR ES FRÜHER: Die Sprache gehörte den Menschen, die sie sprachen und schrieben. Wer etwas zu sagen hatte, sagte es am besten so, daß er von anderen verstanden wurde. Und beim Schreiben genauso. Wer aber so schrieb wie die anderen nicht, wurde nicht verstanden, ausgestossen und verhungerte im Wald, falls er nicht vorher auf dem Scheiterhaufen endete.

UND SO IST ES HEUTE: Die Sprache gehört den Experten. Und wenn die Experten finden, daß die Sprache geändert werden sollte, sagen sie das, und dann wird das geändert, und was sie, lieber Leser, finden oder die anderen Leute, die sich mit ihrer Sprache zu verständigen versuchen, was sowieso schwer genug ist, interessiert nicht, weil, sie haben nix zu sagen, sie sind eine Null, ein Dreiminutenei, ein Straußensteak.

DOCH JETZT NICHT MEHR: Denn nun gibt es Rechtschreibreform: Werden sie ihr eigener Experte und basteln sie ihre eigene Sprache. Es ist ganz einfach. Wir stellen ihnen eine Urkunde aus, die sie zu einem Experten erklärt. Fortan sind sie Linguist, Deutschlehrer, Buchhändler, Zeitleser oder Bundeskanzler. Und als solcher können sie ihre ganz eigene Reform durchführen.

ZUM BEISPIEL: Ärgern sie sich über die Groß- und Kleinschreibung? Sie können sie jetzt abschaffen UND FORTAN ALLES IN GROSSBUCH-STABEN SCHREIBEN. Oder Kommas wer braucht die? Überhaupt Satzzeichen wozu sind die denn gut Nehmen doch nur Platz weg den man prima mit was anderem füllen kann Werbung oder so Oder hassen sie einzelne Buchstaben? Das J, das Y oder vielleicht das ß? Weg damit! Das heißt, naja, das ß ist schon fast ausgestorben. Da müßen sie sich beeilen. Oder sie führen es wieder ein. Wäre natürlich auch möglich. ßuper ßache!

ES IST GANZ EINFACH: Schicken sie uns ihr Geld und wir schicken ihnen unsere Urkunde. Wie in einer primitiven Tauschgesellschaft. Na los, das schaffen sie!

Und in der nächsten Ausgabe: Wie ich meine eigene völkische Gruppe gründe, eine Armee aufbaue und meinen Nachbarn überfalle, weil der mein Volk seit Jahrhunderten unterdrückt.

HUHU, ICH BINS!

Zum Schluß noch ein kleines Geschenk: Diese Seite gehört euch! Jawohl, ihr habt richtig gelesen. Denn auf dieser Seite sollt in Zukunft ihr, unsere Leser, zu Wort kommen. Schreibt uns Briefe. Schickt uns eure schönsten Zeichnungen von Harald, Bodo und ihren Freunden. Gründet Fanclubs und erzählt uns von euren Fanclub-Aktivitäten. Oder denkt euch selber kleine Geschichten mit unseren fröhlichen Burschen aus. Die lustigsten Einsendungen werden wir vielleicht in einem späteren Band veröffentlichen. Und eventuell gibt es dann auch eine kleine Belohnung. Eine Nacht mit dem Herausgeber oder so.

Eure Beiträge schickt ihr bitte ausreichend frankiert und mit einem gut lesbaren Absender an:

Die Tollen Schmükerbücher
c/o Büro Direkt
Postfach 130213
20102 Hamburg